NORA WATTECK

EINSIEDLER

Inklusen, Eremiten, Klausner und
Waldbrüder im Salzburgischen

Bildteil:
Reinhard Rinnerthaler

VERLAG ST. PETER SALZBURG

ISBN 3 900173 13 3

Klischeeherstellung und Druck des Bildteiles: F. Sochor, Zell am See
Satz und Druck des Textteiles und Bindearbeit:
Druckhaus Nonntal, Salzburg
Printed in Austria

EINLEITUNG

Zu den in tiefe Vergangenheit zurückreichenden und heute ausgestorbenen Berufen gehören alle Arten des Eremitentums. Jedes Land, ja jeder Gau hatte einen Klausner.
In der Schweiz hatte sich 1967 der letzte Einsiedler krankheitshalber in die Stadt zurückgezogen. Die Gemeinde Solothurn bot alles auf, um einen Nachfolger für die „Berena-Schlucht-Klause" zu finden. Aus diesem Grunde wurde die Einsiedelei mit automatischer Heizung, Dusche und elektrischem Licht ausgestattet. Weiters versprach man ein Monatsgehalt und Altersversicherung. Damit zeigt sich wahrlich der große Wandel, den das Einsiedlertum seit seinen Anfängen in den ersten Jahrhunderten nach Christus durchgemacht hat.
Dem Eremitentum liegt der Gedanke zugrunde, daß der Mensch Gott näher ist, wenn er in der Wüste oder zumindest in vollkommener Einsamkeit lebt. Diese meditative Lebensform, die im winterlosen Ägypten und Vorderasien ihren Ausgangspunkt hatte, wurde durch die Härte unseres nordalpinen Klimas Wandlungen unterworfen. Genügten im Ursprungsland einige Datteln und getrocknete Heuschrecken, um den Anachoreten zu ernähren, so zwang die Rauheit unserer Breitengrade einsammeln zu gehen und Vorratswirtschaft zu betreiben. Aber diese Notwendigkeit trieb den Eremiten andauernd aus seiner gesuchten Einsamkeit. Darin liegt, abgesehen vom sich wandelnden Zeitgeist, der Keim zur Auflösung dieser Institution.
Wenn wir von der frühen Neuzeit keine Nachrichten über Eremiten haben, so wird das an dem Umstand liegen, daß man schriftliche Belege, die nicht Besitz und Rechte verbürgten, schnell skartierte. Es ist durchaus anzunehmen, daß dieser Stand die ganze Zeit hindurch fortlebte, denn sonst hätte

er nicht im 17. Jahrhundert bei uns seinen Höhepunkt erreichen können. Sein Auslaufen im 18. Jahrhundert erweist sich auch im Land Salzburg nicht nur durch die abnehmende Anzahl der besetzten Einsiedeleien, sondern auch durch deren immer geringer werdende Unwirtlichkeit. Ab der Mitte des 18. Jahrhunderts bilden sich Formen heraus, die wohl vom Klausnerstand noch die Kutte übernommen haben, sich aber von der ursprünglichen Forderung nach absoluter Einsamkeit, Stille und Erduldung von Hitze und Kälte schon weit entfernt hatten. Denn da geben Klausner in einem vom Kachelofen erwärmten Zimmer lärmenden Kindern Unterricht und versehen Mesnerdienste. Hand in Hand damit geht ihnen gegenüber die Einstellung der kirchlichen Behörden. Durch lange Jahrhunderte auf strenge Auslese bedacht, werden die Eremiten in der Barockzeit schon vielfach als eine Zierde der Umgebung oder eines Wallfahrtsortes empfunden. Die Aufklärungszeit aber verfolgt sie mit Ingrimm als faule Nutznießer der arbeitenden Bevölkerung. Wer dann im 19. Jahrhundert Einsiedler wird, tut es weniger aus der Vorstellung, sich ungestört religiösen Betrachtungen hingeben zu können, sondern um allein und ungestört in der Natur zu leben.

Die sogenannten „Katakomben", eigentlich Eremitorien im Mönchsberg, Salzburg

Unzweifelhaft die älteste Überlieferung an Männer, die in Höhlen ihrem Glauben lebten, verbindet sich in Salzburg mit den sogenannten „Katakomben" beim Stift St. Peter. Erst im vorigen Jahrhundert nach dem Besuch des Katakombenforschers de Rossi, taucht diese Benennung auf. Vielmehr hießen die jetzt so bezeichneten Felshöhlen in all den vergangenen Jahrhunderten die „Eremitorien". Aber der Hinweis auf Katakomben hatte sich schnell eingewurzelt und ist den Fremdenführern teuer.
Diese natürlichen Höhlen im Mönchsberg sind im Laufe der Zeit von Menschenhand vergrößert worden. Ihre erste Erwähnung geschieht immer in Verbindung mit dem vom hl. Severin ausgeschickten Warnboten an die sich in den Höhlen aufhaltenden Glaubensbrüder des Frühchristentums. Aber die neue Forschung glaubt nicht, daß damit die Mönchsberghöhlen angenommen wurden. Kein Urkundenfund ist noch zu erhoffen, der den Nebel der Frühgeschichte lichten könnte. Dadurch erhält sich an diesem Ort die uralte Legende vom Tode des hl. Maximus und seiner Gefährten, die im Laufe der Zeit schon unzählige Male besprochen und gewogen wurde. Daher sei die Frage der Legende umgangen und diese Felsgemächer nur aus der Sicht ihrer alten Bezeichnung als die „Eremitorien" behandelt.
Ursprünglich waren die Höhlen sicher nur durch ein schmales Felsband verbunden und wurden, unbekannt wann, durch eine im Felsen gehauene Stiege bequemer zugänglich gemacht. Laut Legende über den Tod des hl. Maximus befand sich am Fuße dieser Felswand ein hoher Wald, der den Zugang stark verdeckte. 1659 drohten die vergrößerten Höhlen einzustürzen. Zu ihrer Renovierung mußten neu aufgeführte

Stützmauern die überhängenden Felsen unterfangen. Die frühere Verkleidung der teilweise offenen Felsspalten bestand nur aus einer hölzernen Verschalung, wie sie am Nordende noch zu sehen ist; denn wäre es ein Mauerwerk gewesen, hätte kein Einsturz gedroht. Und so schreibt Abt Amand von St. Peter in seiner „Historia de Eremitorio nostro" („Geschichte über unsere Einsiedelei"), anno MDCLXI (1661), von einer äußeren, inneren und allgemeinen Erneuerung dieses Ortes. Aus diesem Anlaß läßt der Abt Kupferstiche vom Inneren machen, die uns Aufschlüsse über das damalige Aussehen der Innenräume geben. Ein kurzer Text erläutert die einzelnen Felsnischen in der Maximuskapelle, die man als Konchen bezeichnen kann. Bei Stich Nr. 4 erwähnt er: „Eine längliche, aus dem Felsen herausgehöhlte Grube, welche als Grab oder Liegestatt (Lectulus) einen männlichen Körper aufnehmen kann, von der für gewöhnlich angenommen wird, daß sie die Liegestatt des hl. Maximus gewesen sei. Darüber können wir nichts genaues sagen und wollen es daher weder verneinen noch bejahen."

Diese Liegestatt ist eine Art steinerner Trog. Wenn sie das Grab eines Heiligen war, warum hat sich dann keine Tradition von einer Übertragung der Gebeine erhalten? Auch ist nur an einem Ende ein Deckelfalz zu sehen, an den anderen drei Seiten fehlt er. Auf dem Kupferstich von 1661 ist diese Steinkiste nur handspannenhoch dargestellt. Vielleicht diente der Hohlraum zur Aufnahme der Reliquien eines ganzen Skelettes, ohne deshalb ein wirkliches Grab zu sein. Wahrscheinlich aber ist, daß die steinerne Wanne eine schmale Büßerliegestatt war, die in Form eines Sarges dem „Memento mori" diente.

Wenn die jetzige Maximuskapelle immer schon Sakralraum gewesen wäre und nicht Wohnhöhle, würde man nicht unmittelbar links vom Altar den ehemaligen Sitz am Kloakenabfluß erkennen. Dieser Abfluß ist auf alten Stichen des St.-Peter-Friedhofes als kleiner Schacht noch deutlich in seiner ursprünglichen, offenen Form zu sehen. Der jetzt durch Ziegelwerk vermauerte Abfluß hebt sich infolge seiner anderen Farbe deutlich vom umgebenden Felsen ab. Er endet an einem überhängenden Felsen tiefer unten. Dementsprechend ist im Innenraum eine niedere Felsstufe, deren Mulde durch Mörtel angefüllt und geebnet wurde, desgleichen die Einbuchtung im Fels hinter dem Sitz. Wenige Schritte von dieser Vermauerung entfernt führt eine Tür ins Freie, wo ein Felsband in Richtung zum Totengräberhaus führt. Dies war der alte Zugang zur Höhle, bevor die innere Stiege gebaut wurde. Der vorerwähnte Abfluß wäre also nicht notwendig gewesen, wenn er nur zum Ausschütten von Wasser nach der Reinigung der Meßgeräte gedient hätte. Er spricht vielmehr für einen längeren Wohnaufenthalt in der Höhle. Von einem solchen berichtet nicht nur die Tradition im Kloster St. Peter, sondern auch das Profeßbuch der Benediktinerabtei. Darin wird überliefert, daß sich *P. Tiburtius Fischer* von September 1619 bis Januar 1620 in das alte Eremitorium zurückzog. „Zufrieden bewohnte dieser, die Einsamkeit liebende Mann, die Maximushöhle. Als ihm die Winterszeit aufbrechende Frostgeschwüre brachte, ertrug er es dennoch mit Geduld; aber seine Mitbrüder erbarmten sich seiner so sehr, daß sie ihn ins Kloster zurückbrachten, wo er alsbald starb".

In der sogenannten „unteren Einsiedlerey" wurde 1178 die „Gertrauden-Kapelle" eingeweiht. Von ihr kommt man über 47 Stufen wieder in den Friedhof, in dem gleich links der Eingang zur Hl.-Kreuz-Kapelle ist. Dieser an den Felsen gesetzte Bau, dessen Inneres zum Teil den Platz unter der überhängenden Bergwand nutzt, wurde 1624 durch Domprobst Anton Graf Lodron anstelle einer 1170 geweihten Kapelle errichtet. Der Patron des Altares ist der hl. Antonius Abbas (auch Eremita genannt). Vielleicht weil er der Namensheilige des Erbauers war, oder weil die Aura des Ortes mitbestimmend war. Das schöne Altarbild, das in der Kunsttopographie als interessantes Bild von 1615 bezeichnet wird, erschließt sich dem Besucher erst nach längerer Betrachtung. Es zeigt den Blick aus einer Höhle auf den sterbenden Paulus Eremita, den Altvater der Einsiedler. Neben ihm steht Antonius Eremita, der die Sterbegebete liest. (In der Kunsttopographie wird irrtümlich der Sterbende als hl. Antonius bezeichnet.) Dieser Antonius Eremita, der sich auch als Abt noch zeitweilig in eine ägyptische Wüstenhöhle zurückzog, bot durch die dort erlittenen Versuchungen den späteren Malern einen willkommenen Anlaß, ihn im härenen Habit, von Teufeln umschwirrt, darzustellen. (In den nachfolgenden Ausführungen über die Einsiedler am Falkenstein bei St. Gilgen findet man einen analogen Fall.) Als Hintergrund für diese Sterbeszene bedient sich der Maler aber nicht der gelben Farbe, um eine Wüste darzustellen, sondern nur durch grüne Töne erweckt er den Zauber einer einheimischen Waldwildnis. Auch könnte man es für eine Laune des Malers halten, daß der Sterbende auf einer geflochtenen Matte aus breiten Spaltholzbändern liegt. Aber Kupferstiche von Jan Le Clerc zeigen das Innere von Eremitenklausen, deren Liegestatt dieselbe Flechtunterlage erkennen lassen. Unter dem Kopf ist sie statt eines Polsters, zu einer Rolle eingedreht. Diese Kupferstiche, die ausschließlich Eremiten darstellen, sind in einem Band vereint, der den Titel „Sylvae Sacrae" trägt und das Motto „Mortui vivimus" — „Gestorben leben wir" — führt. (Die Bibliothek des Stiftes Nonnberg besitzt diesen Band.)

Da nun die Legende vom hl. Paulus von einer Dattelpalme berichtet, die vor seiner Höhle wuchs und ihn ernährte und

kleidete (sie ist auch am Altarbild deutlich zu erkennen), so erklärt sie die hierzulande unbekannte, breitbändige Matte als eine aus Palmblättern geflochtene Unterlage. Aber auch, daß das Altarbild trotz „grüner" Wüste auf die Urheimat des Anachoretentums hinweist.
Über neun Stufen hinauf kommt man von der Kreuzkapelle in die zur Gänze im Felsen gelegene Gebetshöhle des hl. Rupertus. Sie wird in den ältesten Urkunden stets die „Ruperti-Höllein" genannt. 1172 wird sie zu einer Kapelle umgestaltet und dem hl. Ägydius geweiht, der sich im 7. Jahrhundert in die Wildnis der Rhônemündungen zurückgezogen hatte. Sein Kult kam von Westen mit der Frankenherrschaft. Inwieweit diese dunkle Gebetshöhle zu gemeinsamen Andachten oder für einzelne diente, die sich hier zurückzogen, ist nicht mehr feststellbar.
Auch ist nicht mehr erkennbar, wo sich die beiden Inklusen einschließen ließen, deren Name uns die „Catalogi Fratrum S. Petri" überliefern, nämlich „Gotfridus inclusus" und „Engilhilt inclusa". Alle Voraussetzungen für ihren Aufenthalt würden nach der Baumburger Regel für Inklusen am besten für die Stelle der heutigen Benediktuskapelle sprechen (früher St.-Wolfgangskapelle genannt), die links vom vergitterten Eingang in der Abteikirche liegt.

St. Peter

St. Peter hatte auch einen Abt, der sich als Eremit zurückzog. Der Tradition nach nicht in die nahen Gebetshöhlen, wo er sicher vom Kloster verpflegt worden wäre, sondern der größeren Buße halber auf den Gaisberg. Dieser Bußaufenthalt hatte der Legende nach folgende Ursache: Kaiser Heinrich II. fühlte sich durch die Fürbitte der hl. Erentrudis schon zweimal von einem schweren Leiden befreit. Als etwa um das Jahr 1000 das Kloster Nonnberg und die Kirche abbrannten, ließ der Kaiser als Dank für seine Heilung beide wieder aufbauen. Anläßlich der Einweihung im Jahre 1009 übertrug man die Gebeine der hl. Erentrudis von der alten in die neue Gruft. Im Auszug aus der „Neuesten Chronik des Klosters St. Peter", I. Band, S. 127, liest man folgenden Bericht: „Dieser Feier wohnte auch *Abt Mazelin* von St. Peter bei, welcher entweder zu seiner eigenen Andacht oder zur Verehrung für sein Kloster ein Stücklein dieser Gebeine heimlich hinweggenommen hatte. Mazelin wurde auf dies unbefugte Unternehmen alsogleich mit Dunkelheit der Augen bestraft. Er wußte sogleich die Ursache seines Übels und verfügte sich zur Grabstätte der hl. Erentrudis, bekannte seinen Fehler und stellte den frommen Raub zurück. Er versprach, daß, wenn ihm durch die Fürbitte der hl. Erentrudis das Licht der Augen wieder gegönnet werde, er den Hirtenstab eines Abtes mit dem eines Pilgrim verwechseln und in der Einöde seine Lebenstage zubringen wolle. Sein Wunsch wurde erhört, worauf er die Abtei verließ und auf dem benachbarten, sogenannten Gaisberg das Leben eines Einsiedlers führte". (In anderen früheren Berichten ist immer wieder von einer Höhle am Gaisberg die Sprache, in die er sich zurückzog.) „In welchem Jahre Mazelin sein Einsiedlerleben dort beschloß, ist unbekannt. Sein Leichnam wurde auf offenem Wagen von zween angespannten Ochsen zum Begräbnis nach St. Peter geführt, doch konnte man diese Tiere mitnichten dahinleiten, sondern sie eilten von selbst aus geheimen Antrieb und ungeachtet der Höhe des Berges dem Kloster Nonnberg zu, allwo sie bei der Pforte stehen blieben und also sein Leib bei dem Eingang der Kirche, zur linken Seite, an der Stiege zur Gruft der hl. Erentrudis beerdigt wurde."

Im Kloster Nonnberg hat sich ein Ölbild aus dem 17. Jahrhundert erhalten, das diese Geschehnisse mit einer Legende wiedergibt, wo unter anderem folgendes angeführt ist: „Er, (Mazelin) sein Gelübd zu Werke gezogen und in ainer Höllen oder Loch auf dem Gaißberg negst bey Salzburg, enthalb des Wassers Salzach (sich) gewand und ein streng bußfertiges Leben geführt (hat)." Im Jahre 1620 wurde unter der Grabplatte des Abtes Mazelin Nachschau gehalten, wo man ein männliches Skelett von ungewöhnlich hohem Wuchse fand. Wenn man diese Legende daraufhin prüfen will, ob ein Höhlenaufenthalt am Gaisberg überhaupt im Bereich der Möglichkeiten liegt und W. Czoernig befragt, findet man, daß es nur zwei Höhlen am Gaisberg gibt. Die eine am Aigner Bach scheidet gleich aus, da sie laut Gedenktafel erst 1787 zugänglich gemacht wurde. Die zweite, das sogenannte „Frauenloch", ist 1005 Meter hoch im Dachsteinkalk des „Klausen(!)-Kammes" gelegen: „Der Eingang liegt genau auf der Kammlinie und führt als ein bis zwei Meter breiter Schacht fünf Meter tief in eine Höhle, die sich 13 Meter lang erstreckt und einen sechs Meter langen Seitenarm besitzt. Auf dem Grund des Schachtloches befindet sich eine rohgezimmerte (?) Feuerstelle." Solcherart ist die Legende etwa wegen einer nicht vorhandenen Höhlenbehausung nicht kurzweg ins Reich der Fabel zu verweisen.

Gstättengasse

Am 29. Juli 1816 bringt die „Salzburger Zeitung" eine Anzeige, die folgendermaßen abgefaßt ist: „Die ober der Bürgerspital-Mühle allhier befindliche Einsiedelei ist zu verpachten. Das Weitere ist bei der k. k. Administration der Wohltätigkeitsstifung in Salzburg zu erfragen".

Diese Höhlenwohnung liegt knapp hinter dem Schleiferbogen und zieht sich in drei Stockwerken im Felsen hinauf, ohne von der Straße aus sichtbar zu sein. W. Czoernig hat sie innen nicht gesehen, sondern verweist nur auf den Aufsatz von Josef Eder im „Salzburger Volksblatt“ vom 10. 1. 1924. Er übernimmt von ihm die Feststellung, daß die Höhlenwohnung schon in der Bürgerspital-Gründungsurkunde von 1327 erwähnt sei, was aber nicht stimmt. In jener frühen Zeit war hier das Ende der Stadt und vor dem Spital (später „Inneres Gstättentor“ genannt) war ein Graben mit Zugbrücke. Jetzt ist diese Felsenwohnung nur mehr vom Kühlhaus aus zu erreichen, denn 1909 wurde die gedeckte hölzerne Stiege, die zu ihr hinaufführte, abgerissen. Ein Ölbild im Museum Carolinum Augusteum zeigt diesen nicht mehr bestehenden Aufgang. Josef Eder zählt nur einen Ludwig Höchtl auf, der 1881 den oberen Teil der zum Bürgerspital gehörigen „Klause am Mönchsberg“ kauft. Da die ganze Anlage einen sehr alten Eindruck macht, und aller Grund früher bis zum „Gries“ hinunter von alters her dem Bürgerspital gehörte, das auf der ehemaligen Niederlassung des Klosters Admont errichtet wurde, wäre es nicht ausgeschlossen, daß diese „Klause“ noch aus der „Admonter“-Zeit stammt. Hieß doch das Gebiet der „alten Münze“, die knapp unterhalb liegt, „die Zell“, die ebenfalls Admonter Besitz war.
In dieser kleinen Felswohnung sieht man deutlich die alte Feuerstelle mit einem Abzug durch den Fels ins Freie und eine spätere „zivilisiertere“ Rauchableitung, die durch das Vorsetzen eines gemauerten Kamins an der Außenwand des Felsens entstand. Nischen im Felsen können auch hier als Abstellort für Beleuchtungskörper oder zur Aufnahme von Heiligenfiguren gedient haben. Es fehlen leider alle Nachrichten über die Benützung dieser Felsenräume in alter und ältester Zeit.

Nonnberg

Die Inkluse Willa

Wer die Abteikirche Nonnberg betritt, sieht unmittelbar links vom Eingang eine große Grabplatte am Boden mit der Aufschrift „Sepulcrum Devotae Willae" — „Grab der frommen Willa". Viele Legenden über diese Willa haben sich im Kloster Nonnberg erhalten. An Aufzeichnungen über ihr Leben nur solche, die Jahrhunderte nach ihrem Tode die mündlichen Überlieferungen festhielten, denn die zeitgenössischen Aufzeichnungen sollen mit den anderen frühen Urkunden bei dem großen Brand des Klosters im Jahre 1423 vernichtet worden sein. In der Necrologia Germaniae, Tomus II, 1 Dioceses Salisburgensis, S. 50, findet man in der Kolonne 19 unter der „Nomina Sororum Juvavensium Congregationis S. Marie et S. Erentrudis" eine „Willa" verzeichnet. Es sind da Namen von Schwestern eingetragen, die beiläufig um das Jahr 1000 im Kloster Nonnberg starben. In einem Martyrologium von 1466 wird der 15. Oktober als Todestag angegeben, nicht aber das Jahr. Also 43 Jahre nach dem großen Brande findet man ihren Namen im Martyrologium erwähnt. Sie ist also keine Erfindung der Barockzeit!
Laut den ältesten Aufzeichnungen befand sich ihr Grab immer an dieser Stelle, denn schon früh wurde es gleich dem Grabe der seligen Regintrudis und jener der hl. Erentrudis vom Volke viel aufgesucht und verehrt. So hielten es auch die Kreuztrachten, die früher zwischen Himmelfahrt und Pfingsten auf den Nonnberg pilgerten. Ein 1613 verfaßtes Protokoll erwähnt bei ihrem Grabe eine hölzerne Tumba, die zum Aufstecken von Lichtern geeignet ist. Für diesen Umstand spricht auch, daß 1750 das große Holzgitter, welches ihr Grab umschloß nach einer bischöflichen Visitation ent-

fernt wird und auf Konsistorialbefehl auch die Grabaufschrift „Sepulcrum beatae Willae" — „Grab der seligen Willa" in „Sepulcrum devotae Willae" — „Grab der frommen Willa" umgeändert werden sollte, was aber erst nach neuerlicher Aufforderung im Jahre 1786 geschah. Die Entfernung des Holzgitters dürfte damit in Zusammenhang stehen, daß an ihm Votivgaben aufgehängt wurden, wie dies von zahllosen Beispielen bei umzäunten Grabstätten von Heiligen bekannt ist. Auch gibt es keinen Grund, eine Grabplatte mit einem Gitter zu umgeben, wenn man nicht mit Andrang und aufzuhängenden Votiven rechnet.

Laut Tradition war Willa immer eine Inkluse, also eine Religiose, die sich auf Lebenszeit freiwillig in eine Zelle einsperren ließ und sich dabei als „Gefangene Christi" fühlte. Die Anfänge des Inklusenwesens führen nach Ägypten, von wo man die ersten Nachrichten hat, daß sich Männer oder Frauen in Höhlen eingeschlossen haben, um nur mit Gott allein zu leben. Von dort kam diese Lebensform auch ins Abendland, wo sich 794 die Synode von Frankfurt mit ihr beschäftigte und sie kirchlich regelte. Bei ihrer Eingeschlossenheit waren sie aber von den lebensnotwendigen Reichungen abhängig und daher auf den Bereich eines Klosters angewiesen. Ihre Zelle sollte drei Fenster haben, die selbstverständlich so klein sein sollten, daß kein Mensch durch sie ein- und ausbrechen konnte. Von diesen drei Öffnungen sollte eine zum Kloster gehen, um Nahrung und Geschirr durchzugeben, die zweite mit Blick auf den Altar der Kirche und eine dritte ins Freie, um das Licht des Tages in die Zelle einzulassen und um mit dem Volke sprechen zu können. So befand sich ihr kleiner Lebensraum meistens neben dem Kircheneingang.

Auch am Nonnberg liegt diese Zelle, die der Tradition nach von der Inklusin Willa bewohnt wurde, nicht weit vom früheren Eingang in die Kirche, den man in dem schönen Portal

Abb. 1 Salzburg, sogenannte „Katakomben", St. Peter

Abb. 2 Salzburg, sog. „Katakomben", unterhalb des linken Fensters Kloakenabfluß

Abb. 3 Kupferstich der Maximuskapelle, Nr. 4 Liegestatt

sieht, das im Kreuzgang steht und zu den ältesten Teilen des Klosters gehört. Ein Fenster dieser Inklusenzelle ging zum Kreuzgang, das andere zur Kirche. Dieser Raum wurde in den letzten Jahrzehnten oft umgebaut und ist nur vom Kreuzgang aus zugänglich. 1881 wurden anläßlich der Renovierung des Kreuzganges große Stücke des Mauerputzes abgeschlagen. Dabei fand man neben einer vermauerten Fensteröffnung zu dieser Zelle in einer Nische einen Holzlöffel aus Fladerholz mit anhängendem, beschriebenem Zettel. Die Schrift war nicht mehr zu lesen, da der Zettel so brüchig war, daß er alsbald zerfiel. Da diese Fensternische zu obengenannter Zelle führte, die laut Klostertradition der Aufenthaltsort der Inklusin war, überdies beschriftet und offenbar hinterlegt wurde, brachte man ihn in Verbindung mit der Eingeschlossenen. Dieser Löffel ist zwölf Zentimeter lang, die Laffe ist 5,6 Zentimeter breit. Seine sehr altertümliche Form läßt eine genaue zeitliche Datierung nicht zu. Der kurze Stil ist typisch für die frühe Zeit. Auf keinen Fall ist er jünger als gotisch. Er kann aber auch älter sein. Vergleichsmaterial aus dem Mittelalter und der Romanik fehlt. Sogar Museen wie das „Germanische Nationalmuseum“ in Nürnberg besitzen keinen hölzernen Löffel aus dem frühen Mittelalter.

Zur Erläuterung des Inklusenwesens muß man noch einiges anführen. Otmar Dörr („Das Institut der Inklusen in Süddeutschland“) schreibt: „Die Inklusen zog es nicht in die Einsamkeit tiefer Wälder, sondern die belebte Umgebung der Kirche waren Stätten, an denen sie sich niederließen. Sie suchten in möglichst enger Verbindung mit dem Volk zu bleiben. Die Härte der Selbstpeinigung zur Ehre Gottes erweckte im Volke tiefe Ehrfurcht, so daß das Wort des Inklusen bei Arm und Reich ehrerbietig aufgenommen wurde. Der Verkehr mit den hilfsbedürftigen Menschen, die in ihrer Not vor das Fenster der Zelle kamen, trat immer mehr in den

Vordergrund. Schon die Baumburger Regel (eine Handschrift aus dem 12. Jahrhundert), die genaue Anordnungen über die Lebensweise eines Inklusen festsetzt, läßt den Verkehr mit der Außenwelt zu und schreibt dazu: „De Nona usque ad Vesperam si vult loquatur". — Wer diese Lebensform wünschte, mußte sich vorerst in einem Kloster bewähren.
Nur wer vom Abte oder Bischof die Erlaubnis hatte, durfte Inkluse werden. Vorerst hatte er ein strenges Noviziat durchzumachen. Nach Bewährung und abgelegtem Gelübde wurde er dann unter dem Geläute der Glocken vom Bischof in die Zelle eingeführt und diese zugemauert und durch das Siegel des Bischofs geschlossen. Außer bei Kriegs- und Feuersnot durfte kein Inkluse bei Strafe der Exkommunikation seine Zelle verlassen. Dörr schreibt: „Die Gebete bei der Einschließungsfeierlichkeit sind fast sämtliche dem Beerdigungsritus entnommen und werden auch nach vollzogener Einmauerung mit den Worten ‚Requiescat in pace' beendet".

Das Inventar so einer Klause beschränkte sich auf das Notwendigste. Die Baumburger Regel nennt „tria vasa habat: Ollam, Nappam et Cipham" — das sind eine Schüssel, ein Napf, ein Krug, so auch einen „pambicium und ein pulvinar" — wohl Unterbett und Kopfpolster. Ihr Essen bestand in nur zwei fleischlosen Mahlzeiten, die dreimal in der Woche erst zur None zu essen waren. In der Fastenzeit erst zur Vesper (und das auch im Winter bei ungeheizter Zelle)! Nach klösterlicher Regel füllten Gebetsstunden und Betrachtungen den Tageslauf der Inklusen aus. Diese Erläuterung des Inklusenlebens macht erklärlich warum das Volk an ihnen so großes Interesse nahm. Dörr vermerkt übrigens ausdrücklich, daß es hauptsächlich Adelige und reiche Bürger waren, die Inklusen wurden.

Was nun die Legende betrifft, daß Willa identisch sei mit der Vuilla, Witwe nach Sigishard, Grafen vom Chiemgau, der 976 einen Vertrag mit Erzbischof Friedrich von Salzburg schloß, sagt schon F. Martin, daß diese Tradition nicht haltbar sei. Eine andere, ebenso unbeweisbare Überlieferung sagt, daß Willas Mutter eine Versippte des hl. Wolfgang von Regensburg war, der 994 starb. Willa selbst wird in älteren Legenden als seine Nichte bezeichnet, die so wie er am Falkenstein bei St. Gilgen als Einsiedlerin gelebt haben soll und wie ein erhaltenes Exemplar eines Gebetszettels aus der Barockzeit näher ausführt: „Die du in rauher Einöde als eine bußfertige Wald-Schwester ein mit Christo in Gott verborgenes Leben geführt (hast) und alldorten mit dem hl. Bischof und Beichtiger Wolfgango viel geistliche Gemeinschaft gepflogen, als dann aber zu Vollziehung deines heiligen Lebenswandels in diesem geistlichen Ordenshaus (Nonnberg) deinen Wohnsitz genommen und allda auch deine Ruhe und Grabstatt erhalten hast."
Was nun die Nonnberger Tradition so ausführt, daß Willa durch die Einladung der Wiradis, (von 998 bis 1027 Äbtissin am Nonnberg), dorthin ihren Aufenthalt verlegte und Inklusin wurde.
Unter Erzbischof Dietrichstein (regierte von 1747 bis 1753) kam der Befehl, die Tumba der „Beatae Willa" zu öffnen; vermutlich um festzustellen, ob die Reclusa (der Ausdruck ist synonym mit Inklusa, aber nach Dörr mehr in den romanischen Ländern in Gebrauch, während nördlich der Alpen Inklusa gebräuchlich war) tatsächlich hier beigesetzt sei. Als man durch einen Spalt die Gebeine liegen sah, wurde das Gewölbe gleich wieder zugemauert. Auf Konsistorialbefehl mußte dann 1750, wie schon oben bemerkt, die Aufschrift in „Sepulcrum devotae Willae" geändert und das Grabgitter entfernt werden. 1876 und 1880 wurde das Grab wieder ge-

öffnet, ohne daß ein authentischer Befund aufgenommen wurde. Zur Ergänzung des nachfolgenden Befundes von 1928 seien noch einige kleine Beobachtungen von Dr. F. Martin angeführt, die dieser in einem Vortrag erwähnte: „Die Gebeine, die noch ziemlich die ursprüngliche Lage hatten, wurden sorgfältig herausgenommen und von Obersanitätsrat Dr. H. Rollett untersucht. Der Schädel war nur teilweise erhalten. Sonst waren alle Knochen, Rippen, Wirbel usw. vorhanden. Die Beerdigte mußte ca. 182 cm, also sehr groß gewesen sein. Er erwähnt auch einen auffallend spitz zulaufenden Kinnknochen. — Das weitere ist im Befund festgehalten.

Am 31. Juli 1928 fand eine feierliche Eröffnung des Grabes statt, bei der Erzabt Petrus Klotz als Ordinariatskommissär fungierte und in Gegenwart der Äbtissin, von Dr. Franz Martin, Magister Kordik und Dr. Humbert Rollett, Prosektor am St. Johannesspital vorgenommen wurde. Der Befund: „Die Gebeine liegen auf einem Estrich, vermischt mit Schutt, in einem Gewölbe, das 2,20 m lang, 60 cm breit und 42 cm hoch ist. An der Westseite war das Gewölbe abgemauert, so daß der Eindruck erweckt wird, der Leichnam sei von der kleinen Kammer aus, die der Tradition nach die Zelle der seligen Willa gewesen sein soll, direkt in das Grab geschoben worden. Die Gebeine lagen mit den Füßen zum Altar. Nach dem abnormalen Unterkiefer zu schließen, muß die Selige einen hervortretenden Unterkiefer gehabt haben. Die Zähne zeigten starke Kauflächen, die Statur muß als hochgewachsen bezeichnet werden. Das Alter wurde auf etwa 60 Lebensjahre gedeutet. — Sonst fand man drei große Eisennägel, einige Holzkohlenstückchen, vielleicht vom Ausräuchern des Grabes herrührend, einen mittelalterlichen Gefäßrest und, was absonderlich scheint, Skelett-Teile von Tieren, die nicht zu identifizieren waren. Das eine ein kleiner

Vogel. Aus der Elastizität dieser Gebeine kann geschlossen werden, daß dieses Tier viel später in das Grab eingedrungen ist. Das andere Tier war mit Sicherheit als eine Säugetierart festzustellen, aber keine Ratte oder Marder.
Die Gebeine wurden gereinigt, in Batist gehüllt und in einem kleinen Schrein wieder dort beigesetzt.

Domkloster St. Rupertus und Michaelbeuern

Da wir über das 1122 von Erzbischof Konrad I. gestiftete Domkloster, welches am heutigen Kapitelplatz lag, viel zu mangelhaft Bescheid wissen, ist es müßig, über die Lage seiner Inklusenzellen Vermutungen aufzustellen. O. Dörr führt eine stattliche Reihe schöner altdeutscher weiblicher und männlicher Namen an, die darin als Inklusen lebten oder zumindest der Regel nach inkorporiert waren. So wird in den „Necrologien von St. Rupertus" eine *Engilhilt* genannt, die aber erwiesenermaßen als Inklusa in Seeon lebte und auch dort begraben ist. Auch *Wilbirgis,* Inklusa in St. Florian, über deren Leben man etwas näher unterrichtet ist, wird im Totenbuch des Domklosters aufgezählt.
So wird der Name auch jenes Inklusen, von dessen Aufenthalt die traditio im Stift Michaelbeuern noch weitergegeben wird, im Verzeichnis des Domklosters enthalten sein, ohne daß es möglich ist, ihn herauszugreifen, weil sein Name im Kloster Michaelbeuern nicht mehr überliefert ist. Nur der Platz im I. Stock, wo das Kloster an den Chor der Kirche anstößt, wurde immer als die uralte Inklusenzelle bezeichnet. P. Werigand Mayr von Michaelbeuern war so freundlich, sich darüber zu äußern. Seine Mitteilung sei hier angeführt.
„Seit dem Umbau von 1950 ist die Öffnung nicht mehr erkennbar. Es befindet sich heute dort ein Teil des neuen Ar-

chivs. Bis dahin war an der Nordseite der Kirche, im Geschoß des ‚Sakristeiturmes' eine Öffnung zu sehen, etwa 50 x 70 cm, die gegen die Kirche zu zwar schon lange vorher vermauert (vermutlich seit ca. 1620), gegen das alte ‚Zeitschriftenzimmer' zu aber als Nische erhalten und mit einem bemalten Holzdeckel gegen die nackten Mauerziegel zu geschlossen war. Auf dem Deckel befand sich ein grauschwarzer Fleck (Rest von einer Mater dolorosa?) mit einigen Worten auf weißer Tafel (‚Sehet welch ein Schmerz . . .'). Der Blick aus dieser Nische war nicht gegen den jetzigen Hochaltar gerichtet, weil dieses Presbyterium ja erst ca. 1430 errichtet wurde, sondern gegen das romanische (von 1072). An diesen Turm angebaut befand sich früher die Sakristei, anschließend die Infirmerie (und Noviziat) mit der Marienkapelle."

Im Gasteinertal

Am alten, steilen Weg von Lend ins Gasteinertal steht die „Drei-Waller-" oder „Wallner-Kapelle". Dürlinger berichtet 1867 von ihr, daß 1616 das Konsistorium von den großen Wallfahrten vernimmt, die vom Volke zu den *„Drei Wallern"* unternommen wurden. Es beauftragt daraufhin den Pfarrer und Pfleger von Gastein, diese Stelle zu untersuchen. Die beiden berichten: „Von alten Leuten haben wir vernommen, daß vor undenklichen Zeiten dort drei Männer begraben wurden und über ihren Gräbern ein Klafter (= 1,90 Meter) voneinander drei Nebenzimmer oder Hüttlein gebaut wurden und dabei manchmal auf einem Portatile die hl. Messe gelesen worden sei. Sie selbst (Pfarrer und Pfleger) haben die Hüttlein niedergefault, daneben aber eine alte, hölzerne Kapelle gefunden, mit der Jahreszahl 1592 und in derselben das

Bildnis Erzbischof Wolf Dietrichs nebst einem zerstörten Altar und eine Tafel mit der Schrift: ‚Zu Ehren der hl. drei Wallner haben . . . H. Schrott, Ch. Grimming von Niederrain und M. Hering solche Capellen und Altar von Neuem erbauen lassen'. Der Zulauf sei bedeutend und werden da hölzerne Kreuzlstäb und andere Sachen geopfert! Obwohl 1740 das Konsistorium befahl, die Kapelle abzubrechen, besteht sie aber noch" (das ist 1867). Um diese Zeit hängt noch an der rechten Seitenwand ein wundertätiges Kruzifixusbild und zu beiden Seiten des Altares Votivtafeln, wovon eine die drei Wallner als Knappen, die andere als Bauern darstellt. Die Kapelle wird noch immer von Wallfahrern aufgesucht.

Die „Gasteinerische Cronica" (Anfang des 16. Jahrhunderts) führt die Entdeckung der warmen Quellen auf zwei Jäger zurück, „so über die Waller her sein kommen". Das ganze Gasteinertal sei ein großer Wald gewesen, aber bei den warmen Brunnen hätten sie zwei Einsiedler namens *Primus* und *Felician* angetroffen.

Diese schon im 16. Jahrhundert überlieferten und auf undenkliche Zeiten zurückgehenden Erzählungen müssen wohl — trotz mangels jeden Beweises — angeführt werden, weil der Besichtigungsbefund vom Jahre 1616 anscheinend noch die niedergefaulten Reste jener drei einzelnen Hüttlein der Drei-Waller-Kapelle erkennen konnte. Diese drei kleinen, einräumigen Einzelbauten in enger Nähe der Kapelle sprechen sehr für eine dreifache Einsiedlerniederlassung aus der Frühzeit. Das Konsistorium ließ 1616, 1621 und 1686 Untersuchungen an dieser Stelle pflegen, aber nie entdeckte man dort wirkliche Grabstätten, noch weniger, wer die drei Männer waren. Man gibt sie im Volk als Männer an, die sich einst um Gastein geistlich verdient gemacht hätten.

Man hat es also nicht mit einem kleinen Friedhof auf hochgelegenem Paß zu tun, wie am Radstädter Tauern, sondern

mit einer kurzen Niederlassung, die später vielleicht wegen Rauheit der Witterung verlassen wurde. Das wundertätige Kreuz ist zwar erst seit Anfang des 17. Jahrhunderts bekannt, aber die geopferten Kreuzlstäb, dann die Legende von der Verwandtschaft der drei Waller mit dem Kirchenpatron von Badgastein, dem hl. Primus, wie auch die Tradition, daß sie den Bauern den Pflug und den Knappen ihr Werkzeug gebracht hätten, bringt die drei Waller in Verbindung mit der frühchristlichen Zeit. Gugitz reiht die Drei-Waller-Kapelle in die Reihe der Orte, wo das Volk die „Spursteine" verehrte, wobei auf Fußspuren im Felsboden der Kapelle hingewiesen wird. Dadurch kommt zum Ausdruck, daß das Volk in den drei Wallern vielgewanderte Männer sah, die sich hier niederließen.
Nach Anfang des 19. Jahrhunderts werden hier viele Zöpfe geopfert, „und vor der Kapelle fanden noch im Vormärz Kampfspiele der Burschen statt". Womit wahrscheinlich zum Ausdruck kommt, daß sich hier am alten Taleingang in der Frühzeit Kämpfe abgespielt haben. Dies alles ist zusammen nur ein lockeres Netz aus Visitationsbefunden und ländlicher Überlieferung; aber was sich darin fängt, weist doch ziemlich deutlich auf eine frühchristliche Niederlassung von Glaubensboten in einer Wildnis.

St. Wilhelm

Bis nach dem Zweiten Weltkrieg konnte man in den Almhütten und hochgelegenen Bauernhäusern des Tennengaues als bevorzugtes, wenn nicht einziges Bild, den in Öldruck oder Stich wiedergegebenen hl. Wilhelm v. Aquitanien sehen, der als von Haustieren umgebener Einsiedler dargestellt wird. Nicht St. Leonhard ist im Gebiet zwischen Abtenau

und Alpenvorland Viehpatron, sondern der hl. Wilhelm. Dies ist sicher auf die beim Landvolk so beliebte „Wilhelmskapelle" zurückzuführen, die zwischen St. Koloman und dem Seewaldsee liegt. Diese hochgelegene Kapelle, die ganz versteckt am Fuße der Fagerwand steht, macht in ihrer allseits schindelverkleideten Bauweise eher den Eindruck einer Einsiedlerbehausung, umso mehr, da sie in einem sehr romantischen Gebiet liegt, nämlich im Gebiet eines Felssturzes und daher inmitten zimmergroßer Felsbrocken und wilden Baumwuchses mit langen Baumbartfahnen.
In der Kunsttopographie (Band XX, S. 244) steht unter „Geschichte der Kirche": „Der Sage nach wurde sie von einem Kuchler Grafen Wilhelm nach seiner Rückkehr vom Heiligen Land gebaut, wo er sich dann als Einsiedler niedergelassen hat. Diesen Grafen Wilhelm aber hat es nie gegeben. 1684 wird berichtet, daß die hölzerne Kapelle beim Fagerstein unterhalb des Tradtberges schon viele Jahre stehe, öfters abgebrochen, aber immer wieder — offenbar heimlich — errichtet wurde. Erst 1851 wurde sie benediziert und die Meßlizenz erteilt."
Das uralte Salzburgische Geschlecht der Kuchler stand aber doch irgendwie in Zusammenhang mit St. Wilhelm. Das ursprünglich in Kuchl begüterte Geschlecht der Kuchler zieht in der Mitte des 14. Jahrhunderts in das ergiebigere Flachland an den Abtsdorfer See. 1364 übernehmen sie die Fridburg bei Mattighofen. 1436 starb der letzte namens Hans Kuchler. Nahe der Fridburg liegt die Filialkirche Heiligenstatt. Gugitz („Österreichische Gnadenstätten, Oberösterreich und Salzburg") erwähnt die Legende wie es zur Gründung der Kirche gekommen sei: „Eine Frau fand im dichten Wald eine Hostie und zeigte den Fund dem Schloßherrn Hans Kuchler in Fridburg an, . . .". Als an dieser Stelle dann eine Kirche erbaut wurde, stiftete ein Ritter Kuchler um 1434 einen Kreuzpartikel,

den er von einer Jerusalemfahrt mitgebracht hatte. Also auch hier der Hinweis auf einen Kuchler, der im Heiligen Land war. Das Erstaunliche aber ist, daß sowohl in der Heiligenstatter Kirche als auch in St. Wilhelm Haarzöpfe geopfert wurden. In St. Wilhelm konnte man diese noch bis zu den dreißiger Jahren unseres Jahrhunderts sehen. In Heiligenstatt wurden sie an der Statue des hl. Leonhard angebracht. Nun sind aber die Orte, wo Zopfopfer gebracht wurden, durchaus selten, im Vergleich zu den unzähligen, wo man Wachsopfer darbrachte. Zöpfe wurden im Land Salzburg nur noch in der „Drei-Waller-Kapelle“ (!) und in Dorfen im Pinzgau geopfert. Es sind dies dunkle Zusammenhänge, aber eben doch Verbindungen. Ob sich ein Angehöriger des Hauses der Kuchler oder ein anderer Weltflüchtiger in die Wildnis unter der Fagerwand zurückzog, ist nicht wesentlich. Wahrscheinlich wurde erst viel später legendenhaft kombiniert, daß der hl. Wilhelm der Namenspatron des Einsiedlers gewesen sei und er ihm deshalb eine Andachtsstätte errichtete, um seinem Vorbild in Zurückgezogenheit nachzueifern. War doch Wilhelm von Aquitanien Herzog, bevor er allem entsagte. Eichendorff drückt das in der letzten Strophe seines Gedichtes „Vom hl. Eremiten Wilhelm“ so aus:

„Kron und Land ließ ich den Erben,
muß mit stürmender Gewalt,
mir ein anderes Reich erwerben.
Und so schritt er in den Wald.“

Nie hätte die kirchliche Obrigkeit, so entfernt von jeder bäuerlichen Ansiedlung eine Kapelle errichtet, weil ihre Überwachung und Betreuung mit zu großen Schwierigkeiten verbunden ist. Daher auch ihre widerholte zwangsweise Demolierung. Hinter der Kirche, im Felsen, befand sich ein Spalt,

in den früher die Wallfahrer ihr Opfergeld hineinwarfen. Auf obrigkeitlichen Befehl wurde er später gesprengt. Die Sage erzählt sogar von einer zugemauerten Schlucht, in der so viele Opfergaben liegen sollen, daß man davon ein Kloster erbauen könne. Bezeichnenderweise ist die kleine Glocke im schindelverkleideten Türmchen ein Wunschglöckchen, gleich jenem in der Falkensteinklause.
J. Dürlinger schreibt: „1854 fiel es einer Weibsperson ein, sich hier als Einsiedlerin niederzulassen, sie mußte sogar durch einen Gerichtsdiener aus ihrem Felsloche nahe der Kapelle weggeholt werden."

Die Georgenbergkirche bei Kuchl

Vom Georgenberg bei Kuchl haben wir den urkundlich frühesten Nachweis vom Aufenthalt eines Eremiten im Lande Salzburg.
Bevor nun nach diesem ersterwähnten Eremiten alle weiteren Einsiedler, Klausner und Waldbrüder aufgezählt werden, muß man diese Bezeichnungen definieren.
Im Lexikon für Theologie und Kirche (Herder-Verlag, 1959) steht: „Einsiedler = anachoreta; Eremita = der Alleinwohnende. Ein Christ, der sich um der ungestörten Pflege des Strebens nach Gotteinigung und Vollkommenheit willen dauernd aus der soziologischen Bindung an die Umwelt in die Einsamkeit der Zelle, Wüste, Heimatlosigkeit zurückgezogen hat. Nachweisbar von etwa 260 n. Chr. in Ägypten. Ihr Sammelbegriff ist ‚Anachoret', vom Griechischen ‚zurückweichen'. So wie die Bezeichnung ‚Inclusus' im Mittelhochdeutschen ‚Clausenaere' lautet und dann zum ‚Klausner' wird, kann man das lateinische ‚Solitarius' am besten mit ‚Einsiedler' bezeichnen. Da ‚heremitae' das Wort für Wüste ist, leiten

sich alle Lebensformen dieser in der Einsamkeit Lebenden schon von der Wortdeutung ab, obwohl man diese Bezeichnung gleichzeitig benützte und oft vermischte".

Bei den zahlreichen Einsiedlerniederlassungen im Lande Salzburg muß man aber feststellen, daß sie meist von kurzer Dauer waren. Nur am Palfen bei Saalfelden und am Falkenstein ist es zu einer langen Besiedlung gekommen. Aber nirgends erwuchs aus solch einer Klause ein Kloster, denn der hl. Rupertus war Missionar. Im alten Tirol, nördlich und südlich des Brenners führen sich aber fünf Klöster auf diesen Ursprung zurück. Auch das nahe Berchtesgaden führt als Ureinwohner den Einsiedler Eberwein an, aus dessen Zellgründung das dortige Kloster entstand.

Ein sicherer Beweis wie volkstümlich die Klausner waren, ist, daß es fast keine größere Krippe gab, wo nicht zwischen den glimmerüberzogenen Falten des Krippenberges, abseits vom Hirtengetümmel eine kleine Kapelle stand, neben ihr der bärtige Klausner in seiner braunen Filzkutte mit Kapuze.

J. Dürlingers Ausführung über die Visitation der Georgenbergkirche von anno 1613 muß wörtlich von ihm übernommen werden, weil sich in den Visitations-Protokollen vom Jahre 1613 keine Erwähnung von Kuchl findet, sondern nur Orte des Flachgaues aufgezählt sind. Unter den Visitationsberichten vom Jahre 1614 findet sich wohl eine kurze Aufzählung des in Kuchl Gesehenen, aber nicht die von Dürlinger zitierte Stelle. Er schreibt: „Die St. Georgenkirche. Einige Zeit waren auch hier Eremiten." Die Generalvisitation im Jahre 1613 meldet: „Eremit, genannt *Sebastian Taegenhart*. Im Vorhof der Kirche befindet sich ein kleiner Heizraum, den jener schon viele Jahre bewohnt (mit Erlaubnis des Pfarrers) und den ein anderer schon vorher bewohnt hatte." Es wurde ihm eben damals eine ziemlich ausführliche Lebensvorschrift erteilt, z. B.: „Außerhalb der Kirche soll er sich einen

Schlafraum errichten oder sich wenigstens in einer nahe der Kirche gebauten Hütte aufhalten. Jedes Monat und an den Hochfesten des Jahres soll er beichten und kommunizieren. An den einzelnen Tagen soll er einen Rosenkranz für die Sünden dieser Pfarrei und 10 Vaterunser und Avemaria für die Verstorbenen fleißig beten."

Mit diesem Text geschieht die erste urkundliche Erwähnung eines Eremiten, der Sebastian Taegenhart heißt. Da ausdrücklich vermerkt wird, daß er sich schon lange da oben aufhalte, so wie andere vor ihm, kommt man an diesen Ort mit seiner bezeugten Besiedlung von Eremiten in die 2. Hälfte des 16. Jahrhunderts. Und gerade bis zu diesem Georgenberg bei Kuchl nimmt sowohl die Tradition wie auch die Forschung an, daß der hl. Severin ins Land Salzburg vorgestoßen sei.

Unter den Bewerbern um die Klause am Falkenstein versucht es 1684 auch der 55jährige Rueppen Fritz (oder Pritz), der sich als „armer, herumschwebender Tropf aus Khärnten" unterschreibt. „Er habe sich im Pfleggericht Golling unter der Steinwand ein kleines Ort ausersehen. Hab vermeint, der Wille Gottes gewest, meine Wohnung aldort zu nehmen, ihme aber vom Consistorium zu dieser neuen Einsiedlerey noch nicht die Bewilligung gegeben worden. Er daher um die Behausung am Falkenstein ansuche." Er wurde abgewiesen.

Mit dem Geländehinweis „unter der Steinwand" ist sicher das sogenannte „Schatzloch" gemeint. Es ist dies ein Felsspalt am Westabfall der Steinwand unterhalb der Georgskirche, die jetzt mit einem kleinen gemauerten Vorbau versehen ist, der als Abstellraum für Ackergerät dient. Noch jetzt sind im Erdreich des innersten Felsspalts zahlreiche La-Tène-Scherben zu finden. Früher mag man dort auch Fibeln (Spangen) und anderes gefunden haben, die im Laufe der Zeit vom ehemals besiedelten Plateau des Georgenberges in den Spalt herabgeschwemmt wurden. Darum die Bezeichnung „Schatzloch". Diese Örtlichkeit entsprach durchaus den Niederlassungswünschen eines Einsiedlers.

Im Hellbrunner Park

Aus dem Jahre 1619 besitzen wir eine vom Chronisten Stainhauser verfaßte Beschreibung der „Eremitorien" im Park von Hellbrunn. Man liest da von sechs Kapellen mit Vorschopf, die durch Stufen, zierlich zugerichtete Gänge, schöne Bögen und Sitzstätten, auch Bäumchen „also accomodiert sind, so daß sie einer lustigen Wildniß gleichen". Die Hauptkapelle ist zu S. Francisco genannt. Neben ihr ist eine Wohnzelle und ein Schlafkammerl. Diese Kapelle hat auch ein Glöckerl um zur Messe zu rufen. Papst Paul V. hat ihr in einem Breve vom März 1618 einen Ablaß erteilt, wenn in ihr die Gläubigen „Für die Eintracht der christlichen Fürsten und die Ausrottung der Irrlehren" beten. Daraus ersieht man, daß dieses Eremitorium noch von Erzbischof Markus Sittikus († 1619) geplant und aufgerichtet wurde. Nahe an dieser Anlage, aber erhöht, hatte sich dieser Landesfürst das jetzt verschwundene kleine Schlößchen „Belvedere" erbauen lassen, das am Südostende des Parkes lag und „ein herrlich schönes Aussechen auf den schiffreichen Fluß (Salzach) und alle umliegenden Örter und Berge bot." Ebenerdig lagen in diesem Schlößchen nur eine Küche, Speisegewölbe und Silberkammerl (!). Im ersten Stock befand sich das Wohnzimmer und die Schlafkammer seiner Hf. Gnaden, welche nur mit Landschaftsbildern, Conterfethen (Porträts) und einem staatlichen Bett eingerichtet war. In diesem kleinen Bau, in dem sogar ein Dienerzimmer fehlte, kann man des Fürsten eigene kleine Eremitage vermuten, denn von seinem erhöhten Standort aus übersah man die nahe Einsiedelei-Anlage, die zwischen dem Südende des Hellbrunner Berges und dem vom Anifer Bach durchzogenen Weiher lag. Markus Sittikus war ein frommer, aber auch weltlicher Mann. Unter anderem rief er auch viele religiöse Bruderschaften ins Leben, die durch ihre farbenprächtigen Kutten den Glanz der Prozessionen erhöhten. Seine Regierungszeit war durch die Glaubensspaltung und die starke Persönlichkeit seines Onkels und Vorgängers im Amte (Wolf Dietrich) überschattet, den er, um weitere politische Umtriebe zu vermeiden, auf der Festung Hohensalzburg gefangen halten mußte. Im Schlößchen „Belvedere“ kann man wohl den Ausweichort vermuten, worin sich dieser Fürst der Barockzeit in jeweils wechselnder Stimmung zurückzog. Gegen Osten sah er die salzbeladenen Schiffe, die dem Erzstift die Haupteinnahmequelle brachten, die Salzach hinuntergleiten. Gegen Westen wurde er durch die 14 großen Kreuze, die in der stillen Einsiedelei treppauf und -ab errichtet waren, an Buße und die Vergänglichkeit alles Irdischen gemahnt.

Nur eine dieser sechs Kapellen war von einem lebenden Einsiedler bezogen. In den fünf anderen waren sie aber nur in Lebensgröße auf Brettern gemalt dargestellt, und zwar immer in anderer Haltung. Diese Kulissen-Einsiedler knieten, lasen oder beteten dort einen Rosenkranz. In der letzten Kapelle, über deren Altar das Bild der „Sieben Schmerzen Mariä“ hing, sah man im daneben liegenden Eremitorium einen „auf der Erde kriechenden ganz wilden Ainsiedl“ (Einsiedler). Auf einer Tafel neben ihm war zu lesen:

„Demone quam salvit castivo ante puellam
Hanc violans mactat mo Joannis amor
In specubus tandem solvens pr crimine panes
Est venatori serpere visus humi.“

„Das ist zu deitsch“ schreibt der Chronist:

Johann Gerin (Guarinus) thet einsam leben
Und all sein Thun war Gott ergeben
Das kundt der Teifel leiden nicht
Derhalben listigen Weis anricht
Dass er nach des Fleisches Lust und Sinnen
Ein Jungfrau thet lieb gewinnen
Die der vor hett zu Gott bekehrt,
Hernach aber greilich ermördt
Erwöckts och wieder von den Todt
Auf strenge Bueß und Bitt zu Gott.“

Von diesem kriechenden Einsiedler hat man eine Darstellung in der einzigartigen Pfarrhofkapelle bei Obertrum. Ihr Vorraum ist bis zum Dache mit bemalten Brettern ausgetäfelt, die mit den unterschiedlichsten religiösen Darstellungen bemalt sind. Ebenerdig, rechts sieht man *„Joannes Guarinus“* wie er nackt, nur von seinem Haupt- und Barthaar umhüllt, aus einem Felsspalt kriecht (der Legende nach starb er im Jahre 905).
Joannes Guarinus weist auf die Ursprungsländer des Eremitentums. Ägypten und Syrien waren die Ausgangsländer des Anachoretenums. Dort herrschten die klimatisch günstigsten Voraussetzungen. Aber auch in Süd- und Mittelitalien zeigt man mehrere ehemals bezogene Eremitenhöhlen aus der Frühzeit des Christentums. Besonders am Berg „Morrone“ in den Abruzzen, wohin sich viele aus Rom in die Einsamkeit zurückzogen. So sieht man in dem „Eremo di

Abb. 4 Kupferstich aus dem Jahre 1699, „Jetzige Form deß Uhralten Closters S. Peter“, bei Nr. 4 „Einsidlerey in dem Perg“

Abb. 5
Geißelkette, Durchmesser der Kugeln: 4 cm, Privatbesitz

Abb. 6
Salzburg, „Katakomben", Maximuskapelle, Liegestatt

Abb. 7 Kupferstich aus dem Jahre 1628, Martyrium des hl. Maximus

Abb. 8
Ölbild aus dem 17. Jh. im Kloster Nonnberg, Begräbnis des Abtes Mazelin

Abb. 9
Grabplatte des Abtes Mazelin in der Abteikirche Nonnberg, Salzburg

S. Onofrio“ bei Sulmona in den Abruzzen eine hochgelegene in und an den Felsen gebaute Einsiedelei von größtem romantischem Reiz. In ihrer kleinen Kapelle steht als einzigartige Altarzier die Statue des hl. Onophrius. Auch er ist nur durch sein langes Haar gleich einem Mantel umhüllt. In den gefalteten Händen hält er den großkugeligen Rosenkranz wie er bei den Einsiedlern üblich war. Die Anlage mit ihren vielen Felslöchern ist nun verlassen. Als letzter soll sich hier nach dem Ersten Weltkrieg ein italienischer Offizier aufgehalten haben. In dem kleinen Felsgärtchen gedeihen noch Heilkräuter wie Rosmarin und Salbei. Die Wurzeln der nur mit ihrem langen Haar bekleideten Eremiten liegen, wie schon erwähnt, in klimatisch wärmeren Ländern.
Die Darstellung in der Obertrumer Kapelle geht auf das Blatt 110 a in dem großen Kupferstichwerk zurück, das bei Caspar Z. Weiß 1733 in Prag gedruckt und neu aufgelegt wurde. Es beruft sich auf die Druckerlaubnis von Papst Urban VIII. im Jahre 1625 und 1634, also auf eine frühere Herausgabe.
Neben einer der sechs Eremitenkapellen zu Hellbrunn hielt sich aber ein lebender Einsiedler auf. Er hatte dort ein Stüberl, eine Kammer und eine Kuchel. Er war ein Italiener namens *Antoni Quinti.* Nähere Angaben über ihn haben sich nicht erhalten; nur so viel, daß er vom erzbischöflichen Hof verpflegt wurde. Wenn dieser Einsiedler durch die hier so anders gearteten Lebensumstände in die gefährliche Nähe einer nur dekorativen Funktion, gleich einer lebenden Gartenfigur kommt, so wird man im folgenden sehen, wie zeitraubend und ablenkend das mühevolle Einsammeln des Almosens für die freilebenden Einsiedler war, so daß möglicherweise nur er — der sich auch nicht um die Erhaltung seiner Klause kümmern mußte — sich ganz seiner inneren Schau widmen konnte, wenn ihn nicht dann und wann der Erzbischof oder Mitglieder des Hofstaates aufsuchten.

Sein Nachfolger war ein Franzose, dessen Grabstein sich zur rechten Hand im Chor der Anifer Kirche befindet. Ein Totenkopf mit Schlange ist auf ihm angebracht und die Inschrift vermeldet:

„Quia ventus est vita mea.
Nicolaus Mudet war ich genandt,
Lyon das war mein Vatterlandt,
In Gottesforcht und auch Einsamkeit
Bey Helleprun verfloß mein Zeit.
Oftmals Rom ich besuchet hab,
Letztlich fand ich alhie mein Grab"
Im Jahr 1656 11 Februar.

Ein volkstümliches Klausnerlied sei wegen der Seltenheit solcher Dichtungen hier eingefügt:

1. Willkommen mein lieber Herr,
Was machst in dieser finsteren Hitt,
Wie kommts das der verdrießlich Wald
Dir besser den die Stadt gefalt,
Dass ein so bedriebter Stamm,
dies grob und rauche *Klausnergewand*
dem schensten Khleider un trador
und Silber gehen for?

2. Ein Gmiet so nach den Himmel dracht,
acht keinen Lust und eitler Pracht,
Ein Hitt so mich verdecken kann,
Ist Stätt genug für mein Person,
dazu wo fändt man grössere Freud,
als in der sießen Einsamkeit,
Wo man kann in vergnügter Rur
sein Leben bringen zue.

3. Ja, ja hast recht ich stimb Dir bey,
das es khein grössere Lust nit sey,
zurbringen deine Lebenszeit,
in Wäldern mit der Jagdbarkeit,
Wo man die Hirschlein und die Reh
sieht lustig springen in die Höh,
Das aber sol verschlossen sein,
das ging mir gar nicht ein!

4. Ist nur ein schnede Lustbarkeith
ums eitle Gschir und Jagdbarkeit,
ein fromm andechtigs Klausnergmirth,
ist mir allein mein Jagdbegiert,
mit dem Prefir so mein Geschos,
geh ich auf gute Werke los,
Bringt meiner Seelen süssen Schmaus
von dieser Jagd nach Haus.

5. Hast Du so Lust nach dem Prefir,
hier hab ich eins, wie gfalt es Dir,
Dis braucht so fill durchblättern nit,
derfst nur aufsuchen in der Mitt,
und dort zwar selber finden drein,
Ein Vesper, Non und Matutin,
so hast zur Notten (Nacht) ohne Zahll,
die Complet sogar einmall. —

6. Wer Gott recht liewet und dienen will,
dem ist kein Betten nit zu füll,
Das Fasten und die Geislstreich,
Dich bringen ein ins Himmelreich,
Drum geh nur hin verfihrens Kind.
Dein Rath ist nit aso gesund,
las mich in meiner Klausnerey,
der Frommheit wohnen bey. —

7. Du bist der Erst mein Herr nicht,
der mich verstoßt von seiner Hitt,
wo doch kein Ort noch eine Stad,
wo man mich nit in ehren hat,
ich khlomb zum Bauern auf die Gres,
Zum Firsten in das Kabinet,
gar oftmals in die Klöster schon,
Bin überall Patron.

Dieses Zwiegespräch zwischen einem Klausner und einem Weltkind ist zwar literarisch bedeutungslos, aber kulturhistorisch nicht uninteressant. Alle Texte in diesem Manuskript sind ohne Singweise aufgezeichnet. Sprache und Hinweise der übrigen Liedtexte dieses Manuskriptes (Universitätsbibliothek Salzburg, Sign. M. I. 365) sprechen für salzburgisches Land als Entstehungsort. Die Bezeichnung trador (richtig sollte es drap d'or geschrieben sein) für golddurchwirkten Stoff, finden wir auch in der Verrechnung der Kosten für das reichgeschmückte Jesuskindlein, das Frau Anna Ernestine v. Thun 1704 als Spende ihrer Verwandten zu ihrer Profeß im Kloster Nonnberg bekam. Die Gedankenfolge, in einem Wald zu leben, aber nicht jagen zu dürfen, würde sich auch als beiläufige Datierungsmöglichkeit gut in die Regierungszeit Erzbischofs Johann Ernst Thun einfügen, dessen Jagdlust und besonders harter Kampf gegen das Wildererunwesen bezeichnend für das Ende des 17. Jahrhunderts in Salzburg ist. Ebenso das „ich khlomb zum Fürsten in das Kabinett", denn der Fürst arbeitet im 17. Jahrhundert in einem „Kabinett" oder geht in sein „Kuriositätenkabinett", auch wenn dies Säle waren. Immerhin zeigen die schwerfälligen Verse an, daß angenommen wird, daß auch ein allein lebender Klausner sich an die klösterliche Tageseinteilung der

Vesper, Non und Matutin hielt. Darum finden wir in den Verlassenschaftsinventaren von Einsiedlern bei sonstiger größter Dürftigkeit stets ein bis zwei Uhren angeführt, die dem Schätzwert nach an erster Stelle stehen.

Martiniz-Testament

Es ist notwendig, sich nun mit dem Legat eines Testamentes zu beschäftigen, dessen Zinsen den Eremiten zu reichen waren. Diese wohlgemeinte Absicht, die bestimmt eine Erleichterung vom Zwang des Almoseneinsammelns brachte, war aber auch die Ursache vieler Schreiben und auch Haders.

Zur Person des Erblassers: Er war Domherr in Salzburg. In J. Riedls Aufsatz „Salzburgs Domherren von 1514 bis 1806" finden wir bei Nr. 172 „Martiniz, Ferdinand Leopold Graf. — Kapitular geworden den 12. Dez. 1652, gestorben den 9. Okt. 1691". Alter und Geburtsort sind nicht angeführt. Sein Stammland ist sicher Böhmen gewesen. 1689 kauft er den „Kaiserhof" an der Hellbrunner Allee. 1691 macht er sein Testament. Aus dem Nachlaßinventar des Verstorbenen kann man über seine Persönlichkeit etwas Aufschluß erlangen. Sicher war Graf Martiniz ein sehr frommer Mann. Dafür sprechen nicht nur die vielen Legate an fromme Stiftungen, sondern auch seine vielen, einzeln angeführten Bücher, die alle religiösen Inhaltes sind; mit Ausnahme einiger botanischer Schriften. Andererseits hatte er wenige Silbergegenstände und wenig Besteck, was auf ein eher zurückgezogenes Leben hinweist. Auch steht im Inventar unter der Position „An Wein: Nihil". Aber später findet man „In einem Kasten: 122 Violinen" (!) angeführt, die pro Stück auf 1 fl 30 x geschätzt werden, weiters „1 Spinetl, 2 Clavicord, 1 Harpfen, 28 Terzlgeigen, 1 Trompete".

Es folgt nun der „Extract aus weiland des Hochwürdigen Hoch- und wohlgeborenen Herrn Ferdinand, Leopold Benno Graf von Martiniz, gewesten Domkapitular im Erzstift, hinterlegtem Testaments de dato 19. Juni 1691."

Unter 17.: „Zur Erhaltung fünf Einsiedler; einen zu Schidenitz mit Consens meines Herrn Successoris in der Probstei Wischerad, eines anderen zu Salzburg und eines zu Prag cum licentia Superiorum, und eines zu Absperg in Tyroll, und eines auf meiner Herrschaft Lobeskirchen, legier ich fünftausend Gulden so ebenfalls an sicheren Orthen investiert werden sollen".

Es traf somit auf den in Salzburg anzustellenden Einsiedler ein Kapitalbetrag von 1000 Gulden, welcher der Universalerbe Franz Ferdinand Graf von Kuenburg mit Schuldbrief vom 6. III. 1698 auf der hiesigen Herrschaft Grafenau, später Fronburg genannt (an der Hellbrunner Allee gelegen) sicherstellte. Die damals zu fünf Prozent abfallenden Zinsen waren also zum Unterhalte eines Einsiedlers im Lande Salzburg bestimmt.

Allein der damalige Fürsterzbischof Johann Ernst Thun wollte, da sich schon zwei Eremiten im Lande befanden — nämlich zu Saalfelden und am Falkenstein — einen dritten Eremiten nicht aufnehmen, dafür die Interessen den schon bestehenden zwei Eremitenniederlassungen zu gleichen Hälften zukommen lassen. Die Zinsen werden bis 1802 ausbezahlt. Als letztem dem Einsiedler *Valentin Gang* am Georgenpalven zu Saalfelden, der in diesem Jahr stirbt.

Erzbischof Colloredo hatte beschlossen, die Einsiedeleien absterben zu lassen und nicht mehr zu besiedeln. Es wurde mit der Kuenburgischen Herrschaft Rücksprache gehalten, zu welchem Zwecke dieselbe das Martiniz'sche halbe Legat nun verwendet sehen wollte. Es wurde vorgeschlagen, einen armen inländischen Studenten in den Genuß des Sti-

pendiums von 20 Gulden kommen zu lassen. Dieser hatte sich vorher den Kuenburgs zur Begutachtung vorzustellen. 1812 stirbt dann auch der letzte Einsiedler am Falkenstein bei St. Gilgen, so daß auch die andere Hälfte der Interessen nicht mehr behoben wird. 1839 erkundigt sich Prag, ob die Schuld der Zinsenpflicht hypothekarisch auf der Herrschaft Grafenau eingetragen sei. Das Konsistorium antwortet, daß es ihm unbekannt sei, ob nach 1812 noch Zinsen behoben wurden, da es nur den für das Stipendium präsentierten Studenten hinsichtlich Fleißes und Sitten zu überwachen habe. Alle diesbezüglichen Akten wurden auf Verlangen des Kreisamtes Salzburg diesem geschickt und seien aber nicht mehr zurückgelangt. Da diese Akten im Kreisamte nicht mehr gefunden wurden, hörten die diesbezüglichen Nachforschungen auf.
Auch wenn sich dieses Aktenbündel gefunden hätte, die verschiedenen Geldabwertungen hätten dem Zinsendienst ein sicheres Ende gesetzt. Aber ist es nicht merkwürdig, daß dieses „Grafenau“, die heutige „Fronburg“, dem „Mozarteum“ dient? Also der Musik und ihren Studenten? Und damit wirkt es immer noch im Sinne des Legators, für dessen unbezweifelbare Musikliebe seine so zahlreich hinterlassenen Instrumente sprechen.

Der Falkenstein bei St. Gilgen

Nicht die Wahrscheinlichkeit, ob *St. Wolfgang* tatsächlich eine Zeitlang als Einsiedler am Falkenstein lebte, soll hier genau erörtert werden, sondern der Legendenkranz, der sich um seinen dortigen Aufenthalt rankt. Die ihm zugeschriebenen, wunderbaren Kräfte bieten uns die Möglichkeit, die Vorstellung zu erkennen, die das im Alltag lebende Volk von einem heiliggesprochenen Einsiedler hatte.

Franz Dückher von Haslau zu Urstein und Winkl benützt in seiner „Chronica" von 1666 die St. Wolfganger Mirakelbücher, die 1505 beginnen. Auszug aus seinem Bericht: „Wolfgang wird der Legende nach von Friedrich I., Erzbischof von Salzburg, zum Bischof von Regensburg geweiht. Er hat viel Zulauf des Volkes, da sich der Ruf seiner Macht über den Teufel verbreitet hat, welches seinem Verlangen zu einsamem Leben gänzlich zuwider war. Er entschließt sich also, die Bischöflichen Würden zu verlassen, nimmt einen andächtigen Bruder zu sich und macht sich still aus der Stadt Regensburg und reist dem Aberseeischen Gebirg im Salzburger Gebiet zu, in dem er 980 anlangt. Darin hat er so viel Mühseligkeiten des Leibs erlitten, daß sein Mitbruder solche Strengheit nicht länger erdulden mögen und Abschied nimmt von dem hl. Wolfgang mit dieser Verbündnis, niemandem zu offenbaren, wo er ihn verlassen habe. — Wie nun der hl. Wolfgang auf dem hohen Berg Falkenstein, zwischen zwei Felsen in einer rauhen Wildnis ganz einsam verlassen in einer Hölen dem innerlich beschaulichen Leben Tag und Nacht oblage, war er dem bösen Feind ein großer Verdruß. Er untersteht sich derowegen, den heiligen Mann mit Forcht zu vertreiben und bewegt beide gegeneinander stehende hohe Gebürg, mit solchen Krachen und Brausen, als ob alles über einen Hauffen fallen welte. Aber der hl. Wolfgang, ganz unerschrocken, laint sich mit dem Rücken und ausgestreckten Armen an den fallenden Felsen, welcher wie Wachs weich geworden, also daß des hl. Mannes Haupt und Händ noch auf den heutigen Tag darin eingedrückt zu sehen sind . . ." Es folgt die Legende des Beilwurfes und dessen Auffindung.
Er berichtet weiter: „Einstmals wegen strengen Lebens wurde der hl. Wolfgang schwach und müd, dahero an einem Sonntag länger als sonst pflegte geschlaffen, welches ihne dermassen gereut, daß er aus seiner Zell gangen und zur Buß

seine Händ, Füß und Knie um den beyliegenden Felsen gestossen, der aber ganz weich geworden, also daß er die Händ, Arm und Füß wie in einen Leim (Lehm) tief hineingedruckt, massen es noch also zu sehen und zu greiffen ist."
Wolfgang wird aber dann von einem Jäger gesehen und erkannt und mit Frohlocken seines Bistums wieder nach Regensburg geführt.
J. Zibermayr („Die St. Wolfgangslegende") bestreitet, daß Bischof Wolfgang eine Zeitlang als Einsiedler am Falkenstein gelebt habe, da zeitgenössische Quellen nichts darüber berichten. Er schreibt aber: „Die durch die Kriegswirren veranlaßte Flucht Wolfgangs in sein Kloster Mondsee ... wurde als eine freiwillige Weltentsagung im Sinne der Zeit verklärt. Schon in dieser Gestalt findet sie (die Legende) in Mondsee Eingang. Diese offenbar im Kloster Mondsee entstandene Aufzeichnung ist nun freilich überarbeitet worden, reicht aber beinahe an das Jahr der ersten urkundlichen Erwähnung der Wallfahrt anno 1305 zurück".
Im lateinischen Text wird Wolfgangs Aufenthalt am Falkenstein mit beiläufig einem Jahr angegeben, im späteren deutschen Text jedoch auf ein Jahr verlängert. Während in der älteren lateinischen Aufzeichnung die Dauer seiner Anwesenheit in St. Wolfgang überhaupt nicht bezeichnet wird.
Zibermayr schreibt: „Mit der längeren Anwesenheit Wolfgangs in Mondsee ist ein wiederholter Aufenthalt in seinem Besitz am Abersee wahrscheinlich. Vielleicht weilte er, zwar nicht als Einsiedler, sondern in wirtschaftlichen Angelegenheiten, sogar öfter an dem später nach ihm benannten Orte."
Wenn man nun die Flucht des Bischofs Wolfgang wegen der Kriegswirren als sicher annimmt, so scheint es doch nicht unwahrscheinlich, daß er sich die erste Zeit tatsächlich in der Wildnis am Falkenstein zurückgezogen hatte; denn im

Kloster Mondsee, das damals dem Bischof von Regensburg, also ihm selbst unterstellt war, hätte man ihn wohl allzu leicht gefunden. Das erklärt auch, warum sich der Legende nach Bischof Wolfgang zunächst auf fremdem, also exterritorialem Boden niederläßt, was nicht im Widerspruch zur Wahl des Falkensteinaufenthaltes steht, da dieser Berg zum salzburgischen Besitz gehört, aber nicht weit vom Kloster entfernt ist. Laut Legende soll Wolfgang, Bischof von Regensburg, mit dem Salzburger Erzbischof befreundet gewesen sein, befand sich also unter seinem Schutz, aber nahe seinem Kloster Mondsee.

Zibermayr schreibt: „Wolfgang wählt erst nach dem Axtwurf in seinem eigenen Forst den Ort seines zweiten Aufenthaltes, um dort eine Wohnzelle und Kirchlein zu erbauen“ (dem späteren Ort St. Wolfgang). So wird schon in den frühesten Legenden der Unterschied zwischen einem kaum ein Jahr dauernden Aufenthalt in der Wildnis und einem späteren, mehrere Jahre dauernden auf dem zum Kloster Mondsee gehörenden Gebiet des Ortes St. Wolfgang genannt. Für die Zeitspanne nach der Flucht aus Regensburg gibt es keine genauen Berichte. Aber das Volk am Abersee und die Wallfahrer sehen seinen ersten Aufenthalt am Falkenstein. Und dem nächstgelegenen Ort, St. Gilgen, hat man einen Eremitenheiligen, St. Ägydius, der sich auch in die Wildnis zurückgezogen hatte, zum Patron gegeben!

Sehr viel später, im Jahre 1805, schreibt eine Zeitung (Intelligenzblatt, 1805): „St. Wolfgangs Höhl auf dem Falkenstein am Abersee“.
Der Legende zufolge wohnte hier der Heilige mehrere Jahre (um 975 bis 982) und hinterließ der Nachwelt noch Spuren seines Aufenthaltes. Man weiset noch die Stelle, wo er mit dem Bruder Kunz zu sitzen pflegte, und vom Abersee aus die

Felsenöffnung, aus welcher er den Schiffern bei stürmischem See den Segen erteilte.
Der Dichter Viktor von Scheffel berichtet in einem Brief an Karl Alexander von Weimar „von der pittoresken Anlage der Einsiedelei in den Wildschluchten des Falkenstein, zwischen den ungeheuren Abhängen des Schafberges, um den melancholisch-einsamen, der Tannen grünes Dunkel widerspiegelnden Abersee, daß St. Wolfgang, ein Mann von wildromantischem Landschaftssinn gewesen sein müsse".
Für die der Zeit Wolfgangs nachfolgenden Jahrhunderte hat man keine Beweise einer Besiedelung des Falkensteins. 1626 erbaut Wilhelm Lueger die Falkensteinkapelle. Erst ab 1659 kann man eine geschlossene Reihe von Einsiedlern dort oben feststellen. Über sie geben viele Akten im Salzburger Diözesanarchiv genaue Auskunft, die im folgenden auszugsweise wiedergegeben werden. Allem vorangesetzt sei die „Folgeordnung der Einsiedler am Falkenstein, ab anno 1659" (Konsist. Archiv Fach 10/36) wiedergegeben:

1. *Adam Kinert*, war der erste, vom 14. July 1959 ist gestorben im Juni 1672.
2. *Br. Abraham Mayr*, ward aufgenommen den 9. Nov. 1672
3. *Br. Gregori Käsar*, war auch den 9. Nov. 1672.
4. *Br. Matthias Körzl*, ward aufgenommen den 22. Okt. 1675, ist nach drei Jahren davongegangen.
5. *Br. Wilhelm Buchberger*, ward aufgenommen den 31. Okt. 1678, ist gestorben im September 1684.
6. *Br. Jacob Rieder*, ward aufgenommen den 20. Dez. 1684, ist gestorben im Jänner 1717.
7. *Br. Michael Hueber*, ward angestellt den 5. Hornung (Februar) 1700, ist im Sep. gestorben 1731.
8. *Br. Nicolaus Kaltenbrunner*, ward aufgenommen den 19. July 1720, ist gestorben im Jänner 1767.

9. *Br. Ludwig Brüggl,* ward den 28. July zugesellt 1798, ist auf den Sendelberg gekommen 1762.
10. *Br. Bonaventura Schmidpichler,* ward den 29. April aufgenommen 1763.
11. *Br. Anton Drauner* ward aufgenommen den 2. Mai 1767
12. *Br. Seraphim Schmidpichler* ward aufgenommen den 18. Dez. 1767.

Vom ersten Einsiedler am Falkenstein namens *Adam Kinert* wissen wir nur, daß er aus Fladungen im Württembergischen stammte. Sein Wirken als Einsiedler spiegelt sich aber im Einstellungsgesuch seines späteren Nachfolgers, Br. Matthias. Dieser verspricht, ihm in seinem Tun nacheifern zu wollen: „Zur Tröstung der Kranken und denen Leuten so tötlich krank liegen vorzubeten und dem Seelaufsögnen mit der Passion unseres Heilands". Da er sich schon vor dem Tode Adam Kinerts bei ihm aufgehalten habe, um in der Passionis Christi von ihm unterrichtet zu werden, habe er wahrgenommen, was für ein „fromber exemplarischer Mann" das gewesen sei.
Br. Adam Kinert ist im Juni 1672 gestorben. Sein Verlassenschaftsinventar sei hier im wesentlichen angeführt. Es führt noch „eine Gaißln und eine Exercitien-Kette", also stachelige Bußkette an, die man in den späteren Verlassenschaften nicht mehr findet.
Nachlaß des Bruders Adam Kinert, im Inventar ist angeführt: „ein feichtenes Spanbettstadl, ein ledernes Polster, ein Khozen, zwei Einsiedler Mäntel, zwei harbene Hemeter, ein Handtuch, ein alter Zögger, ein Feuerroß, und Dreifuß, drei hölzerne Schüssel, zwei Flaschengläser, ein eingefaßtes Heiltum (Reliquiar), eine Kerze und sechs Wachsstöckeln, sieben rot ausgenähte Altartücher und ein bedrucktes, leinernes Altartuch. Eine Tafel darauf der Tod; eine Büchse darein

die Opfer gelegt werden, zwei Exercitien Gaißl, ein Exercitien Ketten, eine Tafel darauf die vier letzten Dinge des Menschen, eine gerahmte Tafel unserer lieben Frau am Plain, Maria Hilf und Alt-Ötting. Ein Vesperbild gekleidet, Unser lb. Frau 7 Schmerzen, unseres Herrn Gaißelung und ein Ecce homo, mehr noch 20 gerahmte Tafeln und mehrere Kruzifixe. An geschnitzten Bildwerken ist vorhanden: Wieder ein Ecce homo und eine Gaißelung und ein Vesperbild, das er der St. Gilgener Kirche vermacht und 15 weitere Schnitzwerke von Heiligenfiguren, weiters viele Erbauungsbücher."

Von den 1672 aufgenommenen zwei Brüdern namens *Abraham Mayr* und *Gregori Käsar* haben sich keinerlei Aufzeichnungen erhalten.

Drei Jahre später sucht Br. *Matthias Körzl* um Aufnahme in die Klause am Falkenstein an, wo er sich schon eine Zeitlang bei Br. Adam aufgehalten hatte. Er stammte aus Eggenfelden in der Diözese Regensburg. Er gibt an, daß er daher für den Bischof Wolfgang einen inbrünstigen Eifer trage. Am 22. Okt. 1675 wird ihm der Aufenthalt in der Klause bewilligt. Aber nach dreijährigem Aufenthalt im September 1684 zieht er unbekannt wohin vom Falkenstein fort. — In der langen Reihe der Einsiedler im Lande Salzburg ist Bruder Matthias der einzige, der, obwohl allein hausend, seine Klause verläßt. Im folgenden kann man ein Fortziehen nur dort feststellen, wo es durch Aufnahme eines Mitbruders zur Störung des Alleinseinwollenden kam.

Wilhelm Puechberger erwähnt in seinem Ansuchen, daß sich Körzl dieses Ortes nicht mehr bedienen will, er, Puchberger, sich aber jederzeit fleißiger Aufsicht gegen die St. Wolfgangskapelle befleißigen wolle. Der Dechant von Köstendorf befürwortet sein Gesuch beim Konsistorium. Er schreibt über ihn, daß er wegen seiner geschwollenen Hand seinem (Schuhmacher-)Gewerbe nicht mehr vorstehen könne. Er ist verwitwet und wird von allen für fromm gehalten. Er wird im Oktober 1678 aufgenommen und stirbt 1684 in der Klause.

Mit der Aufnahme seines Nachfolgers *Jacob Rieder* entsteht für alle Beteiligten viel Verdruß. Ein Stoß von Akten beschäftigt sich nur mit seiner Person und kranken Psyche. Am 13. Dezember 1684 sucht Jacob Rieder, gebürtig aus Saalfelden, wortreich um Aufnahme in die Einsiedelei am Falkenstein an. Er bezeichnet sich als armer Pilgrim und führt ein zu Rom getanes Gelübde zur dritten Regel des hl. Franziskus an. „Auch seinen hinzutragenden großen Eifer, in gnädigste Consideration zu ziehen, massen er ein Salzburger Landeskind sei, 39jährigen Alters, des Lesens und Schreibens etwas erfahren". Er wird noch im selben Monat aufgenommen.

Sechzehn Jahre später macht Bruder Jacob eine Eingabe an das Konsistorium, weil ihm vom Dechant in Köstendorf bedeutet wurde „daß er zur Abwendung der erschröcklichen Insultum des laydigen Sathans, die er durch wiederholte Bittschaften bereits hinterbrachte, ihn gnädigst Exercitien bei den PP. Franciscani in Salzburg, auf acht bis zehn Tag lang machen zu dürfen gestatte. Er bitt um Zuteilung eines frommen Patrem, der ihn alle Tag etwa zweimal benedicieren täte, da die augenblickliche Zerstörung des bösen Feinds ihm höchst schwer falle. Die bösen Geister, mit natürlicher Menschenstimm, ihm sogar bei dem Maul ein- und ausfliegen und diese in mich etlich andere tausend Geister eingeführt haben, die ich wie andere leibsgewögnisse, mit unnatürlicher Inhaltung der Zungen, empfinde und der böse Feind das Licht, das er Tag und Nachts bei dem Muttergottesbild Mayor brennen lasse, vielhundertmal auslösche".

Es folgt ein Geheimschreiben des Dechants:
„19. Feb. 1700. Secretus an den Guardian der Franciskaner! Demnach der Einsiedl am Falkenstein, Bruder Jacob Rieder, zur Abwendung, der seinen Vorgaben nach leidenden Teuflischen Anfechtungen und Stillung der zufliegenden Geister durch Spiritualia, Exercitia alda angewiesen worden sei; also wurde dem P. Guardian ein solches, nebst deme, daß es bei Rieder maistens eine eingewurzelte Melancholey zu sein scheint, er ihm zur Verrichtung der Exercitia einen erfahrenen, fromben Patrem auf acht bis zehn Tage zugeben wolle."
Im Oktober 1700 bittet Bruder Jacob Rieder um eine Recomandation oder Attestation des gnädigen Consenses, ihm eine geistliche Handt- und Herbergshilf zu erteilen, da ihm der P. Guardian, wo er die Exercitia gemacht habe, eine Wallfahrt zu machen geraten habe; denn trotz Gebrauchs geistlicher Mittel die starken Anfechtungen des Sathans ihn ohne Unterlaß sowohl innerlich als äußerlich beängstigen. Und so sei er (genötigt), zu dem Miraculosen Lieben Frauenbild zu Oetsch nach Wien und andere dabeigelegene Örter, als Maria Stein, Taferl, Sonnenberg (?) (wohl Sonntagsberg) und Maria Zell wallfahrten zu gehen, um von der unaufhörlichen Plag des bösen Geistes befreit zu werden.
Am 3. Feb. 1700 bittet er, einen Mitbruder aufnehmen zu dürfen, wegen weiter Eintlegenheit seiner Einsiedeley, dieses wilden Behausungsortes und da ihm die bösen Geister den Leib so abschwächen.
Da das Konsistorium einen Bericht anfordert, gibt der Dechant von Köstendorf seine Meinung über den Fall „Bruder Jacob" kund. Er äußert sich „daß er mit dem Pfarrer von St. Wolfgang eine Unterredung gehabt habe und auch nach dessen Meinung nec minimum indicium vorhanden sei, daß der Eremit mit einem inwendig oder zufliegenden Geist ge-

plagt werde. Er vielmehr ein lauter Melancholiker sei, dem solche Gedanken niemand auszureden vermag". Er zählt dann auch Wallfahrtsorte auf, wo dieser schon gewesen sei. „Man aber überall befunden habe, daß er zwar ohne Geist, aber nit ohne schwermütige Gedanken sei und falsche Einbildungen habe."

„Es wäre wohl ratsam, einem so betriebten Menschen einen Gehilfen zu geben. Der Einsiedl ist aber eines so wunderlichen Humors, daß niemand bei ihm bleiben wird, oder bleiben kann. Und wollte einer bleiben, so würde es mit der Unterhaltung (Erhaltung) in einem so einsamen Ort schwer hergehen. Auch sei durch die lang bestandene Teuerung das Land ganz arm und erschöpft. Von den Gotteshäusern daselbst ist ebenfalls nichts zu hoffen. Man möge daher ohne Gravierung der umliegenden Nachbarschaft das eingehende Almosen auf zwei teilen, da der Einsiedler von diesem Einkommen ja die neue Kapellen etc. und auch beim Gotteshaus in St. Gilgen etwas aufwenden konnte. Und so meine er, weil der Eremit wegen seiner starken Melancholey fast verwirrt und betrübt ist, man möchte ihm einen Mitbruder gnädig verlauben. Er aber durch den P. Spiritualen vermahnet werde, den Mitbruder auf solche Manier zu halten, daß selbiger nit Ursach habe, hinunter zu laufen".

Im Dezember 1701 sucht Bruder Jacob um Ausfolgung der Zinsen aus dem Graf Martiniz-Legat von tausend Gulden an, dessen Zinsen von 50 Gulden zwischen dem Einsiedler ob Saalfelden und jenem am Falkenstein zu halbteil, also je 25 Gulden, geteilt werden sollen. Da Bruder Jacob inzwischen einen Mitbruder namens *Michael Huber* habe, sucht er überdies darum an, daß ihm diese Zinsen allein zukommen mögen „da er von seinem eigenen, mit harter Arbeit verdienten Geld hergegeben habe, um auf dem Falkenstein eine nächst dem Weg vor dem Holz (Wald) stehende Capelle zu

Abb. 10
Salzburg,
Abteikirche
Nonnberg,
Grab
der Willa

Abb. 11
Holzlöffel,
12 cm lang,
Kloster Nonnberg
in Salzburg,
Löffel der Willa

Abb. 12 Wilhelmskapelle, St. Koloman

Abb. 13
Altarbild in der
Wilhelmskapelle,
hl. Wilhelm

Abb. 14
Votivbild in der Wilhelmskapelle,
St. Koloman

Abb. 15 Georgenberg bei Kuchl, sogenanntes Schatzloch

erbauen. Wie auch eine bei der Clausen sich zunächst befindende Capelle von Holz mit Altarl aufgerichtet habe. Auch habe er in St. Gilgen ober dem Kirchenchor ein großes Kruzifix samt drei Einglein, die das Blut Christi auffangen, von seinen Almosenmitteln machen lassen. Weiters auf dem Freythof in der Totengruft ein Altarl pro commemoratione fidelium. Und wie genugsam bekannt ist, ich schon an die 16 Jahre lang schreckliche Insulty diaboly und Quälungen immerzu mehr empfinde, mit welchen ich Tag-, stünd-, ja augenblicklich abgemartert werde. Sein Mitbruder Michael könne sich ja von dem zu gleichen Teilen gehörigen Almosen erhalten und leben."

1702 ersucht der Dechant von Köstendorf, daß die 25 Gulden aus dem Graf-Martiniz-Legat nicht dem Einsiedler Jacob Rieder allein ausgelegt werden „weilen besagter Bruder Jacob gar zu viel auslauffet — massen selbiger in vergangenem Jahr die wenigste Zeit in seiner Clausen gewesen. Sein Mitbruder Michael aber in der Zeit zu Haus und eines frommen und auferbaulichen Wandels war und daher beliebt ist. Er auch das in Abwesenheit des Bruders Jacob eingegangene Almosen fideliter mit ihm geteilt hat".
Darauf wird angeordnet, daß Bruder Jacob drei Teile des Legates bekomme, also 18 Gulden und 45 Kreuzer, seinem Mitbruder Michael der vierte Teil zu 6 Gulden und 15 Kreuzer zu seiner notwendigen Bekleidung ausgefolgt werde. Das eingehende Almosen aber zwischen ihnen zu gleichen Teilen geteilt werde.

Im Mai 1702 frägt der Dechant beim Konsistorium an, „ob er dem Bruder Jacob erlauben dürfe, nach Ungarn zu einem P. Franziskaner — der schon vielen geholfen habe — reisen zu lassen, um dort Hilfe zu suchen". Die Reise wird bewilligt.

August 1703. Bruder Jacob macht eine Eingabe, einen anderen Bruder zu sich kommen zu lassen, da ihm sein Mitbruder Michael gar kein Gehorsam leiste, das Gartel in seiner Abwesenheit nicht unterhalte, so daß mutmaßlich nach seinem Ableben durch seine Negligenz alles ins aböden bei der Einsiedeley geraten dürfte . . ."
Darauf berichtet der Dechant „er habe anzuführen, daß obgenannter Einsiedl gar ein eigensinniger Kopf sei, dabei sich jedermann verwundert, daß der andere Eremit, Michael Huber, so viel leiden und auskommen könne. Bruder Michael werde vom Pfleger und Vicar in St. Gilgen wegen seines exemplarischen Lebens nicht genug gelobt und weilen Bruder Jacob selbst wisse, daß sein Mitbruder mehr als er geliebt und estimiert werde, habe er aus lauter Passion die Klagschrift eingegeben. Nur in dem allein möge ein Fehler geschehen sein, daß auf das indiscrete „Begehren" des Bruder Jacob, nämlich um zwei oder drei Uhr früh zum Gebet aufzustehen, der Jüngere sich geweigert hat zu folgen, aus der Ursache, weilen sie ihrer Regel nach erst um vier Uhr aufzustehen obligiert sind. Ich habe sie hernach verglichen und zu fernerer Einigkeit und auferbaulichem Wandel ermahnt".
August 1710. Bruder Jacob antwortet auf einen Bericht des Vikars von St. Gilgen an das Konsistorium. Er führt wieder seine „große Noth" an, „wie ihm, nachdem er zwei Jahre ruhsam auf dem Falkenstein gewohnt habe, der Feind des menschlichen Geschlechts gekommen sei und ihn zu nachts, meiner Gewohnheit nach auf dem Boden liegend, grob angerollet (angebrüllt) und angepackt habe. Dabei sprechend, er solle den Rosenkranz über sich werfen. Den anderen Tag bin ich auf St. Gilgen gegangen um zu beichten; als ich aber in den Beichtstuhl gekommen (bin), hat mich der böse Feind nicht mehr reden lassen, bin ganz stumm geworden und der

Herr Vikar Wösenauer hat mir dies harb verwiesen und gleich auf das Konsistorium geschrieben, damit etwa die Herrn Capuciner oder Franciskaner herauskommen und ein heiliges Mittel angewandt (werde). Weil es aber nicht geschechen ist, bin ich so weit gekommen, daß ich sogar in der Kirchen nicht die kürzeste Zeit in Ruh bin, so laut ist er (Satan) mit seine Wort und Eingebungen. Aber gleichwohl die nächst bei mir nichts hören. Auch wenn ich meine Suppen gegessen hab, viel schwarzen Zundtl auf meiner Speis gespürt, daß ich also viele Speisen nicht habe genießen können. Hat mir oft was befohlen, was mich ganz abgemattet hat und wenn ich solches nicht tuen wolt, sagte er, daß solches mein Beichtvater befohlen habe, und mich so an meinen geistlichen Sachen verhindert. — Vor dreizehn Jahren bin ich zu Rom bei dem General-Capuziner gewesen, der mich aber nur einmal vorgenommen hat. Zwei haben mich gehalten an den Armen, da hat er mit einem Kreuz mir in das Maul gegraben, mit seinen geweihten Fingern meine Schläff gegriffen, habe gleichwohl ihnen ausgerissen, weil eine solche Gewalt in mir ist. Es hat zwar der Kaiserliche Botschafter für mich gebeten, weil er gesehen, daß mir nit geholfen worden sei; gab mir auch einen Laquai mit, welchen sie in das Kloster hineingelassen, mich aber nicht. — Vor sieben Jahren bin ich zu Ungarn in St. Katharina gewesen, bei Pater Hypolitum, Franciscaner; welcher hat Exorzismus gebraucht. Er hat gleich gesehen, daß der böse Geist aus mir geredt. Aber zu helfen hat er mir nicht verstanden, weil er selbst ein großes Kreuz hat, weilen ihn ein Eidaxl (eine früher häufig zu findende Vorstellung vom Teufel, der in Form einer Lurche erscheint) über zwölf Tag und Nacht geplagt hat. Er hat gestattet, für eine besessene Person durch Wochen dreimal etwas Warms (zu) essen. Über ein Jahr bin ich wieder hinunter gereist und er sagte, daß er mir nit helfen (könne), weil er solche Malefizgeister auszutreiben nit vermöget; hat er mirs in den rechten Fuß hinuntergeschworen (!) und bin also traurig wieder nach Haus gereist. Weil der Herr Vicary mir hat sagen lassen, daß ich mich beim Consistorium verantworten soll; welches auch geschehen ist. Hat mir auch sagen lassen, daß ich zu seinem Haus nit mehr kommen sollte — wolle mir auch keinen Segen mehr geben. Als ich ihn in der verwichenen Pfingstwoche angehalten habe, zu meinem Seelenheil auf Thalhamb (bei Wels) zur hl. Mutter Anna ausbleiben (zu dürfen), hat er das erste und anderte Mal mein demütiges Bitten abgeschlagen, wie ich dann das abermal gebetten, den Schulmeister mich zu prigeln befohlen. Und da ihm der Vicar nicht mehr geistlich zusprechen wolle — und auch der in St. Wolfgang nicht — er aber einen offenen Fuß habe, welcher schon dreißig Mal zugeheilet, wann solches die bösen Geister nicht abwehrten. Der Schaden am Füß so groß wie ein Guldenthaler sei, daß ich oftmals hatte aufschreien müssen. Wegen dieser vielfältigen Schmerzen könne er den hohen Berg zu seiner Klausen nicht mehr besteigen. Er möchte zu seinen Leuten nach Saalfelden, wo er zu Hause ist. Sich da seine Herberg schaffen und seine Jahre dort beenden. Seinen wenigen Hausrat, den er sich erhauset hab, samt den geistlichen Tafeln (Bildern) und den 300 Gulden, die er sich ersparet habe, würde er folgen lassen".

24. September 1710. Der Vikar rechtfertigt sich beim Konsistorium:

„Es wäre meinerseits die größte Torheit gewesen, den Exorzismus, wie er verlangt (hatte) zu gebrauchen, wo kein höllisches Gespenst ihn peinige, wohl aber die Fußschmerzen, wie ein Pertl'sche Attestation zeige. Ungesehen wäre ich doch öfters zu ihm gegangen, wenn er einen geistlichen Rat annehmen täte: aber alles ist umsonst bei ihm. Er gibt allerordten große Ärgernisse wegen seiner übermäßigen Trunkenheit. Und als ich ihm das ausgehen nach Thalhamb abgeschlagen, hat er angefangen, vor meiner Haustür ein solches Geschray zu machen, daß die umliegende Nachbarschaft zusammengeloffen ist". — Dazu der Dechant: „Br. Jakob habe die verschiedensten Wallfahrten gemacht, so auf Rom, Maria Loreto, Maria Einsiedl und andere Orte, um einmal von dem Geist ledig zu werden, massen er die meiste Zeit herum vagiert und vorgibt, er ziehe nur deshalb herum, um vom Sathan liberiert zu werden".

Im April 1714 stellt Michael Perthl, Chirurg in St. Gilgen, an Jacob Rieder eine große Geschwulst am Fuße fest, so daß dieser nur kümmerlich und fast gar nicht mehr steigen könne.

Jacob Rieder ist im Februar 1717 in Benediktbeuern gestorben (an anderer Stelle wird Steuergarten angegeben). Beide Orte sind ohne nähere Hinweise der Todesumstände angeführt.

Verlassenschaft des Br. Jacob Rieder:

An erster Stelle werden seine Bücher einzeln angeführt, darunter das „Kranken-Buch" von Martin Cochem, in Schweinsleder gebunden. Es ist jenes Buch, dessen Text den Einsiedler Thomas Bichler am Palfen bei Saalfelden 1699 in den Tod trieb.

Unter der einfachen Habe sei folgendes herausgegriffen: „zwei Kranabethene Kandl Flaschln, vier Schmalzschachteln, vier Tragbänder, zwei alte Truhen, ein harbenes Pfaid, zwei Rupfene Leylack (Leintücher), ein grau Tuchener Wettermantel, aber noch zwei harben und ein Rupfernes Hemet (also muß zwischen dem obzitierten Pfaid und den drei als Hemet bezeichneten Wäschestücken ein „Façon"-Unterschied bestanden haben. Weiters vier Ellen braungefärbte, rupferne Leinwand, dann ein „Romanisches Frauenbild"

ohne Ramb, ein Landshutter Frauen Bildnis und ein eisernes Todtenkreuz, mehr ein gemalenes Kruzifixbild, Summe der Todten Fahrnuß ist 24 Gulden 27 Kreuzer. An Barschaft hat sich gezeigt: 84 Gulden 11 Kreuzer. Erbin ist die Tochter seines Bruders Ursula Rieder, verheiratet mit Bernhard Arnold, Fleischhauer in Saalfelden.
März 1720. Drei Jahre später sucht Nikolaus Kaltenhauser, Waldbruder, an als Mitbruder aufgenommen zu werden. Er ist ein Korporal-Sohn, am Nonnberg wohnhaft.
Der noch bei guten Kräften am Falkenstein lebende *Bruder Michael Hueber* bittet aber, mit der Zuteilung eines Bruders noch zu warten, bis er bettlägerig werde, da die eingehenden Almosen sehr abgenommen und die Collectur im Pfleggericht sehr wenig ertrage.

Im Juli 1720 unterschreibt Bruder Michael aber doch den Vertrag, daß er den vom Konsistorium aufgenommenen Eremiten *Nicolaus Kaltenhauser* die völlige Kollektur, sowohl in- als auch außer Landes überlasse, der er altershalber ohnehin nicht mehr nachkommen könne. Beide unterschreiben und siegeln mit ihrem Siegel, das wahrscheinlich ein Messingring war.

Solche Siegelringe haben sich in großer Anzahl erhalten, weil sie wegen der Wertlosigkeit des Materials nicht eingeschmolzen wurden. Die Vermutung, daß es sich bei allen jenen Ringen mit dem Monogramm Christi und anderer christlicher Emblemata um solche handelt, die von Religiosen und Priestern getragen wurden, wäre durch diese beiden Abdrücke unterstützt. Daß man auf diesem Siegelabdruck einen Totenkopf sieht, ist sehr bezeichnend für die weltflüchtigen Tendenzen eines Eremiten, der auch durch den Ring an seiner Hand stets an die Vergänglichkeit alles Irdischen erinnert sein wollte.

Im September 1731 stirbt Bruder Michael Huber in seiner Klause. Wir erfahren anläßlich der Bestandsaufnahme des Nachlasses, daß die Klause schon wieder am Boden zu faulen begonnen habe. Der Pfleger von Hüttenstein, Johann Gualbert Freyherr von Dücker, schlägt daher vor, vom Erlös der geringen Verlassenschaft zwölf Gulden zur Instandsetzung der Klause zu verwenden; den Rest aber für Seelenmessen zu verwenden und an die Armen auszuteilen.

Nikolaus Kaltenhauser, der am 29. Januar 1767 stirbt, vermacht alles seinem Mitbruder *Frater Bonaventura Schmiedpichler* „zur Vergeltung der Treue und den fleißig geleisteten Diensten". „Nicht nur die Klause samt Fahrnusse, sondern auch seinen beim Schneider Seppen Moorgaßner in St. Gilgen eingestellten Kasten, mit allem darin Verschlossenem ohne meinen drei in Salzburg wohnhaften Schwestern davon hinausgeben zu müssen". In seinem Testament werden wieder die einzeln zitierten Bücher als erstes angeführt. Die Barschaft befand sich in fünf ledernen Beuteln, davon wird einer mit beiliegendem Widmungszettel für die Armen bestimmt. Auch hat er sogar drei Handtücher (!) — nicht nur eines wie fast alle anderen — auch sechs Paar alte Leinenstrümpf und acht (!) Leylache, und ein Bett, so eine Totenbahr ist.

1737 sucht *Hans Georg Brüggl,* Schneidergesell auf der hochfürstlichen Guardaroba darum an, am Falkenstein aufgenommen zu werden. Diese Ansuchen sind in der Wahl der Worte fast alle gleichlautend: „ihr demütigstes Bitten, ihre Begier nach Einsamkeit, ihr Mißfallen am Weltgetriebe . . ."
Er wird als Bruder Ludwig im Juli 1738 dem Bruder Nikolaus Kaltenbacher zugesellet, zieht aber 1762 auf das neue Eremitorium auf den Sendlberg bei Neumarkt.

Im Februar 1763 sucht *Johann Joseph Schmiedpichler* um Aufnahme als Mitbruder an, da der daselbst gewesene Bruder Ludwig nunmehr am Sendlberg, Pfleggericht Neumarkt sich aufhalte. Er führt an, daß er, nachdem er sich der gefährlichsten Fallstricke der betrügerlichen Welteitelkeit entledigt habe, sie verlassen wolle, um in der stillen Einöde, nach der ihn schon von Jugend auf herzlichst begehrt habe, dem gekreuzigten Heiland eifrigst zu dienen. Der schon etlich 70 Jahre alte Eremit Nikolaus Kaltenhauser habe, um ihn zu sehen, ihn neulich besucht. Er würde sich unter dessen väterliche Obsorg in Demut unterwerfen. Er sei ein zu Bischofshofen am 11. Dezember 1740 gebürtiges Landskind, wo sein Vater als hochfürstlicher Gerichtsverwalter achtzehn Jahre in Diensten gestanden habe. Er selbst sei später beim Pfleggericht Hüttenstein angestellt gewesen. Dem Gesuch liegt ein Zeugnis seines Beichtvaters, P. Benedikt Bauer (Franziskaner) bei, daß er ihn seines frommen Lebenswandels wegen dazu tauglich erkenne, da er schon öfters sein eifriges Verlangen zu einem geistlichen Ordensstand angezeigt habe. Im April 1763 ist Johann Joseph Schmiedpichlers Gesuch um Aufnahme gnädig willfahrt worden „auf daß derselbe dem alten Eremiten wohlmeinende und willige Hilfe leisten solle und sich mit demselben ruhig, friedsam und in geistlicher Auferbaulichkeit betragen soll, nebst Führung eines standesgemäßen frommen Lebenswandels".
Schmiedpichlers Großvater ist mit Agnes Pertl verheiratet gewesen. Sie ist die Schwester von Mozarts Großvater mütterlicherseits. Dieser Johann Schmiedpichler, der als Einsiedler den Namen Bruder Bonaventura trägt, ist somit ein Cousin zweiten Grades von Wolfgang Amadeus Mozart. Man nimmt an, daß er durch die großen Geldsorgen im Elternhaus eine freudlose Jugend hatte. Er gilt als fleißiger, bescheidener Beamter, der aber mit 23 Jahren seine Laufbahn aufgibt

und auf den Falkenstein zieht, wo er fast vier Jahre lang den alten Eremiten betreut.
Kaum ist dieser im Jänner 1767 gestorben, sucht ein Papiergesell, *Johann Adam Throner,* in Lengfelden beschäftigt, aus Franken gebürtig, um Aufnahme in die Klause an. In seinem Gesuch führt er an, er habe schon immer danach Sehnsucht getragen, in der stillen Einsamkeit dem ungestümen Weltgetümmel (Lengenfelden!) zu entfliehen. Von den Menschen abgesondert, dem großen Gott desto eifriger dienen zu können, es sei aber erst jetzt durch das erfolgte Ableben des Einsiedlers Nikolaus Kaltenhauser dazu Gelegenheit gegeben ... Frater Bonaventura (Schmiedpichler) äußert sich sehr unerfreut zu diesem Ansinnen, einen Mitbruder zu bekommen. Er schreibt an das Konsistorium (Auszug): „Nachdem mein liebst gewester Confrater Nicolaus in die Ewigkeit abgefordert wurde und mir seine Clausur und Fahrnis überlassen hat und ich nunmehr voll Frieden intentioniert war, meine Andachten ganz einsam und alleinig anzustellen, muß ich leider vom hochwürdigen Herrn Dechant vernehmen, daß ein betagter Papiermacher Gsell in gar keiner anderen, einem Eremiten anständigen Arbeit erfahren, mir an die Seite gesetzt werden soll, den ich mein Lebtags nie gesehen, noch seine Sitten und Humor in Bekanntschaft habe. Auch mein Vorfahrer selig, war über zwanzig Jahr allein und erst im Alter, da er die Sammlung selbst nicht mehr verrichten konnte, hat er mich mit gnädigen Consens angestellt. Mir aber weder von die Almosen, so die Wallfahrer in die Clausen reichen noch von der Grafen Martinizschen Stiftung jemals außer wenigen Kreuzern etwas abgegeben, wenn ich ihms bei überkommenden Almosen hinunter ins Dorf getragen haben, weilen er abnehmender Kräfte halber die Clausen nicht mehr hat bewohnen können. Habe meinen Habit und Betsgewand selbsten beischaffen

müssen und die Kost mit saurem Schweiß von weitest Orten, von hohen Bergen und außer Lands ersammeln und auf dem Rucken zusammentragen müssen. Oder wie ich selbst gehört, dieser Mitbruder der Sammlung nicht nachgehen wolle und bei höherem Alter etwas zu ersammeln nicht mehr vermöchte, und sodann eine Participierung von meiner Sammlung consumieren möchte! — Mithin mir schlechte Hoffnung machen dürfte, mit ihm in Frieden auskommen zu können. Meine Meinung wäre, mir allein etwas nach und nach zu erhausen und damit die alte zermoderte Clausen und Kapellen von neuem herrichten zu lassen".

Aber einen Monat später hat sich Frater Bonaventura mit dem Papiergesellen in aller Güte verglichen, so daß Frater Antonius, der gewesene Papiergesell, im Mai 1767 auf den Falkenstein ziehen kann. Sie haben sich verpflichtet, alle gesammelten Almosen und Lebensmittel getreulich zu teilen.

Aber schon nach einem halben Jahr sucht *Johann Gualbert Schmiedpichler*, Oberschreiber zu St. Gilgen, er ist der älteste Bruder des Frater Bonaventura, um die Stelle eines Mitbruders am Falkenstein an, denn Frater Antonius Tranner sei „in die Ramsau bei Berchtoldsgaden, in den sogenannten Gunderweg (Kunterweg) hineingekommen".

Johann Guadalbert Schmiedpichler will die nun 18 Jahre lang praktizierte Schreiberei verlassen und den einsamen Eremitenstand antreten, da in ihm ohnehin die Weltfreuden und andere „Gemütsergötzlichkeiten" erloschen und abgestorben sind. Er wolle seinem lieben Bruder, Einsiedl am Falkenstein, der ein herzliches Verlangen nach ihm hege, ein Mitconsort werden, in allen „Frieden wie es die geistlichen Ordensregeln verlangen und zu meinem Seelenheil oben leben", was ihm am 18. Dezember 1767 genehmigt wird. Er heißt dann Bruder Seraphim.

Im Oktober 1779 wird den beiden Brüdern neuerdings das Recht des Schmalzsammelns im Pfleggericht Golling zugestanden. Das zeigt, daß sich ihr Einsammelgebiet bis dorthin erstreckte.
Im Jahre 1772 erhält auf sein eigenes Ansuchen der Eremit Frater Seraphim Schmiedpichler die Erlaubnis in der Schule den Religionsunterricht zu übernehmen. Schmiedpichler konnte den Unterricht übernehmen, da auf dem Falkenstein ohnehin sein Bruder als zweiter Klausner war und während der Hauptmonate der Wallfahrten (Mai und Oktober) kein Schulunterricht stattfand. Er unterrichtete im „Wezlhäusl", Haus Nr. 12.
Mit diesen beiden Brüdern stirbt die Familie Schmiedpichler aus.
Der Erlaubnis für Eremiten, einsammeln zu gehen, war — soweit sie das Inland betraf — festgelegte Grenzen gezogen. Damit sollte eine Überschneidung der Sammlungen vermieden werden. Merkwürdigerweise finden sich diese Grenzziehungen nicht schon im Aufnahmedekret. Nur gelegentlich stößt man auf einen Vermerk, daß der Eremit auch außerhalb seines Bezirkes eingesammelt habe.
Nirgends findet sich eine Erwähnung, daß sich ein Einsiedler eine Ziege oder ein Schaf gehalten habe, denn seine häufige Abwesenheit zum Zwecke des Einsammelns machen ihm eine Tierhaltung unmöglich. Auch besitzt er kein Feld, das ihm Heu zur Winterfütterung eingebracht hätte.
In dem früher genannten Kupferstichwerk, das über das Leben der Einsiedler berichtet, sieht man am Boden vor ihrer Zelle Obst, Rüben und Schwämme liegen, auch eine hölzerne Gießkanne steht dabei. Sie deutet auf ein kleines Gärtchen hin, in dem Heilkräuter und Rüben gezogen wurden. Die übliche Vorstellung von dem sich nur von Wurzeln, Beeren und Schwämmen ernährenden Eremiten ist schon wegen des

hiesigen nordalpinen Klimas nicht haltbar. Es fehlen hierzulande auch jene Heuschreckenschwärme, die reich an Eiweißstoffen sind, und im getrockneten Zustand die alten Anachoreten ernährten. Fleisch zu essen, ist einem Eremiten nur in sehr beschränktem Ausmaße erlaubt. Somit steht ihm keinerlei Fettquelle zur Verfügung, außer jener des Schmalzeinsammelns. Darum finden sich in ihren Nachlaßinventaren stets die hölzernen und blechernen Schmalzdosen. Die dabei auch immer angeführte Ölflasche ist nur Behälter für das Brennöl, womit er sein kümmerliches Öllicht speist und die kleine Ampel in der Kapelle.

Immer haust der Einsiedler in waldiger Gegend, abseits der Bauernhöfe und so fehlt ihm auch die tägliche Milch. Das bedeutet, wenn nur Schmalz und Mehl zur Verfügung stehen, daß er sich hauptsächlich von „Mueß“ ernährt haben wird, wofür auch die eisernen Schäuferl in den Kücheninventarien sprechen. Erbsen, Saubohnen und Haferschrot mögen etwas Abwechslung gebracht haben. Die alten Zöger und Taschen, die an breiten Gurten hingen, erzählen von den zur Klause geschleppten Gaben der umliegenden Landstriche. Trotz eintöniger Kost und bitterster Winterkälte werden die meisten Einsiedler, wenigstens für damalige Begriffe, sehr alt. Sie bekommen Almosen für Heilkräuter und Skapuliere, sie flechten Körbe und machen Rosenkränze (z. B. aus Haselnüssen), was ihnen aber nicht viel einbringt. Laut G. Gugitz verkauften die Einsiedler am Falkenstein „Agnus Dei“ um 3 Kreuzer und die kleinen „Wolfganghackln“ aus Messing oder Zinn gegen Schlaganfälle, Ungewitter und teuflische Nachstellungen.

Auch im folgenden werden die Nachlaßinventare angeführt, weil nur sie uns ein Bild von einer Klauseneinrichtung und der Lebensweise des Einsiedlers vermitteln. Bei einem Vergleich zeigt sich dann das Gemeinsame und daher Wesent-

liche. In der Frühzeit fehlt das Bett und taucht dann in Sargform auf. Der Kopfpolster, so einer vorhanden, ist mit Leder überzogen und mit Rehhaaren gefüllt. An Möbeln liest man nur von einem Trüherl, ein bis zwei Stühlen und einem Weichholztischchen. Um ihren Gebeten pünktlich nachkommen zu können, die um vier Uhr früh beginnen, besitzt jede Klause eine oder mehrere Uhren. Zur Ausstattung gehört stets das große Kruzifix und das kleinere Sterbekreuz. Immer findet sich das Vesperbild angegeben, also Maria mit dem Leichnam des Sohnes auf den Knien und als größere Plastik, Christus an die Geißelsäule gekettet. Es folgen ein paar landesübliche Wallfahrtsbilder und Rosenkränze. Ein paar hölzerne Teller, keine Gabel, nur Messer, Feuerbock und Feuerzange, die nur bei einem offenen Feuer in Verwendung stehen und manchmal auch eine „Kranawett"-Flasche (Wacholderschnaps). Manchmal wird auch von einem Hemd gesprochen, das man im Nachlaß fand. So kann man annehmen, daß sie auch im Winter den härenen Habit direkt auf der Haut trugen und sich nur einen Mantel überwarfen, denn von diesem hatte der Einsiedler meist zwei Stück.
1812 wurden die Klausnereien auf Befehl der bayrischen Regierung eingestellt und die Zellen veräußert. 1833 wollte sich ein Konvertit namens Josef Haim am Falkenstein niederlassen, er wurde jedoch abgewiesen.

Die Einsiedler am Palfen bei Saalfelden

Nördlich von Saalfelden, oberhalb des Schlosses Lichtenberg, befindet sich in einer letzten Steilwand des Steinernen Meeres eine Höhle mit eingebauter Kapelle, die dem hl. Georg geweiht ist. Jahrhundertelang wurde sie von Einsiedlern betreut, die daneben im Felsen ihre Klause hatten. Die überaus schöne Sicht auf das Saalachtal und die schneeigen Gipfel der Hohen Tauern erhebt sie nicht nur in bezug auf Schönheit der Lage über die anderen Einsiedeleien des Landes Salzburg, sie ist auch die am längsten bezogene, nämlich seit 1664.

Als der erste Einsiedler, *Bruder Thomas Pichler,* im Februar 1699 stirbt, erfahren wir, daß er schon 35 Jahre lang dort oben gelebt hatte. Er stammte aus Embach im Taxenbacher Gericht.

1675 wird die Höhle erweitert und eine Kapelle darin erbaut. 1677 wird für sie die Meßlizenz erteilt. Dieser erste Einsiedler am Palfen stirbt durch Selbstmord. Der Dechant von Saalfelden berichtet darüber an das Konsistorium (Auszug):

„Thomas Pichler ist nach etlichen Wochen schwerer Betrübnis, welche über ihn gekommen, da er in ‚Martin Cochem' gelesen hat, wie im Fegefeuer auch die schon gebeichteten, aber doch nicht genug gebüßten Sünden noch erschröcklich gestraft werden, in diese Betrübnis gefallen. Ich nahm ihn zu mir in den Dechanthof, um ihn zu trösten. Da er ein paar Tage hier verbracht, ist er gleich nach der Kirchzeit über zwei Gang (Stockwerke) hoch durch ein Fenster abgesprungen. Darauf aber zu gutem Verstand gekommen und mit allen Sakramenten versehen worden. Er ist im 70. Jahr seines Lebens im Herrn verschieden".

Bruder Thomas wird seelisch krank veranlagt gewesen sein, denn nur so ist die Unlogik seines Selbstmordes zu begreifen. Er glaubte, seine Sünden schon genug abgebüßt zu haben, liest aber dann in Martin Cochems Buch, daß er möglicherweise doch noch im Fegefeuer für sie weiter büßen müsse. Da sucht er den Tod, der ihn aber umso schneller in das stürzt, was er fürchtet! In seinem Verlassenschaftsinventar finden sich dreißig Erbauungsbücher, darunter jenes von Martin Cochem, weiters sechs eiserne und beinerne Rosenkränze, eine hanfene und riemerne Geissl, ein Stab mit Kruzifix (das ist der übliche Wanderstab der Eremiten), eine Kürbisflasche (immer am Gürtel hängend), einen Zöger, einen Betstuhl, einen Lehnstuhl, ein Mehltrüherl, darinnen weniges Mehl, eine eiserne Schmalzbüchse, eine Bilchmausfalle, etwas irdenes Geschirr, sechs gemalene Tafeln (Bilder), einen ledernen Fußsack, ein Gstirdl zum Bandlmachen, ein Baderzeug Fiederl (Aderlaßmesserchen) und ein Klausenglöckl, eine Schlaguhr, einen Kompaß, ein Paar Fußeisen, ein altes Büchl wie die Farben zu machen, ein Maler-Reibstein, ein Ruggkorb, ein Glas mit zinnerner Schraufen, ein kupfernes Bratpfandl, zwei gläserne Amperl und blecherne Leuchter, ein alter Einsiedlmantel, zwei Handtücher, ein Mehlsackl mit 37 (!) Schnupftüchern, dazu noch ein Amboß und sehr viel Werkzeug (keine Bettstatt!).

Da die Klause durch seinen Tod leer steht, werden Ansuchen um Aufnahme eingereicht von:

Sebastian Gumpinger. Er wird abgewiesen, obwohl er schon ein gleiches Leben in Kirchenthal geführt hat.
Andreas Eisenreich von Edt bei Leogang reicht ein „fußfallendes Anrueffen und Bitten“ ein. Er wird wegen Neigung zu Kleinmütigkeit und Skrupel abgewiesen.

Michael Hueber, Musquetier unter dem Kommando von Christof Anton Simon Graf von Thun. Dieser schreibt ihm eine Empfehlung. Darin führt er an „damit der löblichen Gräflichen Martiniz'schen Fundation Satisfaction geschehe.“ Es ist anzunehmen, daß es sich hier um den im Jahre 1700 auf den Falkenstein aufgenommenen Michael Hueber handelt, der sich vorher um die Klause am Palfen bewirbt.
Hans Mausser, Baadergsöll in Saalfelden, sucht im April 1700 an. Er war zwanzig Jahre beim bürgerlichen Bader

Johann Mangnus tätig und bittet als Klausner aufgenommen zu werden. Er wird vorerst abgewiesen.

Im Juni 1700 schickt der Bürgermeister im Namen der Saalfeldener eine lange Eingabe mit der Bitte, doch die leerstehende Einsiedelei wieder mit einem Klausner zu besetzen, denn die Einsiedelei sei schon ganz in Verwüstung gekommen. Verschiedene Bösewichter hätten sie beraubt und die Opferstöcke bestohlen, weil kein Einsiedler auf die Kapelle Obacht gebe und damit nicht nochmals eingebrochen und die ganze Kapelle beraubt würde, was uns sehr schmerzlich wäre, da alle Sonn- und Feiertage viele Leute oben ihre Andacht verrichten, alwo man wegen des Viehs viel hl. Messen lesen läßt. So bitten wir den Hans Mausser, Badergsöll, der sich stets ehrlich und fromm verhalten habe, in Gnaden dorthin gelangen zu lassen". Im Jänner 1701 wird es ihm bewilligt und aufgetragen, sich wegen der 25 Gulden aus dem Martiniz'schen Legat zur leichteren Sustentation des baufälligen Eremitoriums in Salzburg zu melden. Aber Johann Mausser (als Einsiedler nennt er sich „Bruder Hieronymus") stirbt schon mit 41 Jahren am 7. Jänner 1702 an „Dörrsucht und hieziger Krankheit". Seine wenige Verlassenschaft wird nach Schloß Lichtenberg heruntergebracht, weil sie in der Klause nicht sicher gewesen wäre. In seinem Nachlaß finden sich noch die Bücher seines Vorgängers, jedoch fehlt das Buch von Martin Cochem.

Im Oktober 1702 sucht Hieronymus Schmidt um die neuerlich „vacierende" Einsiedelei an.
Der Dechant und der Bürgermeister äußern sich dazu:
„Daß wohl derzeit die untere Klause (etwas tiefer gelegen, näher bei Schloß Lichtenberg und jetzt noch Kapelle) von Frater Pastler besetzt sei, die obere wo Frater Hieronymus

Abb. 16 Lageplan von Hellbrunn, Anfang 17. Jh., Eremitorien im Park (auf der linken Seite)

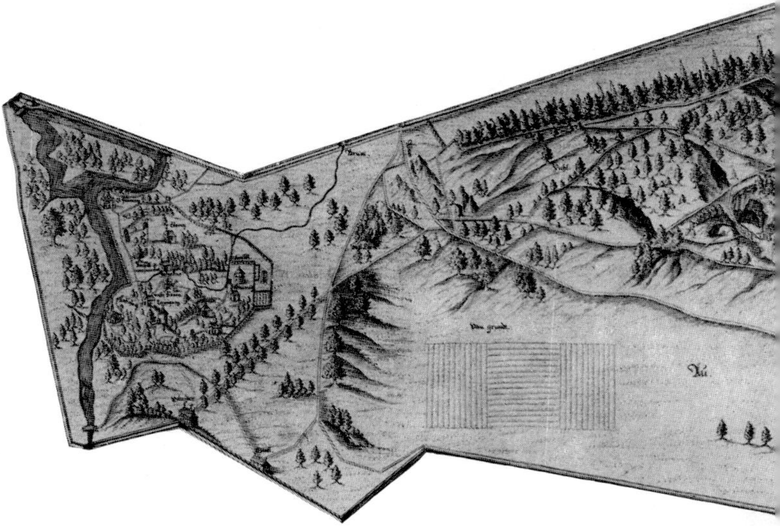

Abb. 17
Grabstein des Einsiedlers Nicolaus Mudet in der Anifer Kirche

Abb. 18 Pfarrhofkapelle Obertrum, Darstellung des Anachoreten Joannes Guarinus

Abb. 19
Aquarell aus dem 19. Jh., Falkensteinkapelle und Einsiedelei, St. Gilgen

Abb. 20
Falkenstein, St. Gilgen, hier ließ der hl. Wolfgang lt. Tradition eine Quelle entspringen

Abb. 21
Am Falkenstein,
St. Gilgen, Kapelle

Abb. 22
Falkenstein, St. Gilgen,
Wolfgangskapelle

Mausser war, wohl vorhanden sei, aber der Ansuchende dürfe die Gemeinde nicht mit einer weiteren Sammlung belasten. Auch könne er sich als gelernter Koch nicht wohl in Wirtshäusern als Aushilfskoch Geld machten, maßen Wirtshäuser und Eremitagen gar nicht zusammenstehen. Er werde aber wohl ein solches nicht verlangen. Wenn er sich aber Guttäter versichere, die seine Unterhaltung übernehmen würden, so hätten wir nichts einzuwenden."

Sein Bruder, „Conditor bei Ihro Churfürstlichen Hoheit in Bayern", würde sich verpflichten, seinem Bruder vier Gulden monatlich zu seinem ehrlichen Unterhalt auf Lebzeit zu geben (1745). Da sich aber die Bewilligungserteilung zum Bezug der Klause hinauszögert, wird er Konvent-Koch im Stift Höglwörth. Er sucht im März 1749 neuerdings um die Klause an, weil seine Augen etwas dunkler werden durch das kontinuierliche Kochen bei starkem Rauch und großer Hitze. Er wird abgewiesen, weil er sich gleich, als er im September 1745 (anscheinend probeweise, vor seiner Aufnahme in den III. Orden) in der oberen Klause befand „die Klause sein hab lassen, ganze Tage und Nächte in die Markt-Wirth herabgekehret sei. Sich berauscht habe und auch in Worten und Gebärden dergestalten frei und ungeistlich aufgeführet habe — und das trotz öfterer Correction — wir ihn also lieber heut als morgen los wären. Auch sei in die obere wahre Clausen, in die der Supplicant wieder aufgenommen zu werden verlangt, in Winterszeiten oft nicht dazu zu kommen möglich. Die untere Clausen aber im Frühjahr (1749) von dem nach St. Jakob am Thurn übersiedelten Francisci Passler, dem *Kilian Reitsamer* gegeben worden, der sich in allem wohl haltet. Er (Mausser) solle in Gnaden angemahnt werden, in loce (Högelwörth) zu verbleiben, wo er im Kloster unter scharfer Aufsicht sei, was für sein Seelenheil als strenger Eremit besser wäre. Er aber gar nicht für einen freien Eremit für das Gebirg tauge."

Bruder Anton Reitsamer stirbt am 10. Februar 1762. Im selben Monat sucht *Joseph Taurer*, bürgerlicher Baadersohn aus Saalfelden, um die Klause an. Gibt auch an, daß er schon den Habit von den Franziskanern in Hundsdorf empfangen habe. Im März 1762 wird ihm das Ansuchen bewilligt. Er stirbt am 22. September 1763 an Brust Apostenia. Er wird schon entseelt in seiner Klause aufgefunden.

Im September 1763 sucht *Georg Heigenhauser*, Meßnerknecht in Saalfelden, um die durch Todesfall wieder freigewordene Einsiedelei an. Als Begründung führt er an, daß er sich durch viele Jahre im Bauerndienst befunden habe und erfahren mußte, wie gefährlich es sei, unter so vielen jungen und teils ausgelassenen Dienstboten leben zu müssen. Er möchte sich daher aus solcher Gefährlichkeit in eine Klausen ziehen.

Sehr rasch bekommt er die Bewilligung. Am 23. Juli 1767 stirbt er.

Zwei Jahre vorher hat er schon eigenhändig sein Testament gemacht. Darin bestimmt er genau all das, was in der Clausen zu verbleiben habe: der Altar, der hl. Franziskus und Antonius, eine Tafel Christi Geißelung, ein großes Dreifaltigkeitsbild, das eingeglaste Christuskindlein, das Buch „Das Leben der Alt-Väter" (Altvater ist das von den Eremiten gewählte Oberhaupt, das sie „Alt-Vater" heißen und welcher die Aufsicht über sie führt. Diese Vereinigung unter einem Alt-Vater besteht heute noch und hat ihren Sitz in Regensburg.). Seine überaus zahlreichen Heiligenbilder und Bücher vermacht er einzeln an Pinzgauer Frauen oder Männer, so das „Biechl" „Die Kunst wohl zu sterben" dem Schloßjäger Franz Klettner, oder die große Tafel „Maria Dorfen" der gestrengen Frauen Waldmeisterin, seinen Kreuzweg dem

Frater Jacob Praitfuß, Einsiedler zu Zell im Pinzgau, usw. Im vorderen Stübel der (oberen) Klause soll verbleiben, ein Tischl, eine Piecherstöhlen, ein Schubkastl und fünf Lehnstuhl.
Er siegelt mit der Darstellung des unter dem Kreuz zusammengebrochenen Christus, unter diesem sieht man rechts eine Kirche (oder die Klause mit Türmchen), links unten einen Knienden in Habit. Da der Siegelabdruck schlecht erhalten ist, kann man nicht sicher feststellen, ob links oben sich nicht auch noch ein Totenkopf befand.
Dem Frater Valentin Gang, Einsiedler in Kunterweg bei Ramsau, vermacht er seinen besten Habit (jener wird dann sein Nachfolger). Unter den angeführten Bildern findet man auch eine Darstellung der zwei Propheten namens Habakuk und Elias. Sein Küchengeschirr und Werkzeug sollen die Verwandten unter sich verteilen. So nach seinem Tode etwa noch Kost oder Mehl vorhanden seien, soll es an die Hausarmen verteilt werden. Da er selbst beim Herkommen in die Klause den Altar in der Kapelle, den Kreuzpartikel und die zwei Uhren habe bezahlen müssen, so solle sein Nachfolger auch diesen Betrag zu erlegen haben und von diesem die Begräbniskosten bestritten werden. Der Rest sei an die Hausarmen zu verteilen.
Somit steht im September 1767 die Klause wieder leer. Unter mehreren Bewerbern erhält sie *Frater Valentin Gang*, aus Kärnten gebürtig. Er kann ein Attestat des Propstes von Berchtesgaden vorweisen, „daß er bereits 18 Jahre lang im Eremitenstand in Kunterweg ober der Ramsau bei Berchtesgaden lebe und sich stets fromm, auferbaulich und zu jedermanns Zufriedenheit da verhalten habe. Da er sich auch als gelernter Schneider bezeichnet, der Spaliere (Tapeten), Matratzen, Sessel und andere Kirchenparamente zu machen kundig sei und sich mit solch nützlicher Handarbeit (man

nähert sich dem Josephinismus!) außerhalb der Bet- und Betrachtungsstunden occupieren wolle, er sich daher auch etwas verdienen könne."

„In Anbetracht dieses kundbar fleißigen, nüchternen und auferbaulichen Menschen" schreibt der Dechant und Pfleger von Saalfelden einen sehr empfehlenden Brief an das Konsistorium.

Bruder Valentin Gang stirbt am 17. April 1802 im 83. Lebensjahr. Er hielt sich die letzten zwanzig Jahre seines Lebens im Bruderhaus zu Saalfelden auf, da er seines Alters wegen nicht mehr in der Klause allein leben konnte. Auf seine eigenen Kosten ließ er im Bruderhaus ein Stüberl für sich ausbauen.

Die Akten sprechen nun deutlichst davon, welch ungeheurer Wandel sich seit der letzten Einsiedler-Verlassenschaftsabhandlung und der im Jahre 1802 abgewickelten vollzogen hat. Der Aufwand wegen dieser wenigen, abgetragenen und wertlosen Sachen, besonders aber wegen seiner durch zwanzig Jahre bezogenen ärmlichen Reichungen aus dem Bruderhaus ist beschämend. Diesbezüglich müssen viele Zeugen einvernommen werden, so der Pfleger, der Dechant, mehrere Beisitzer und ein Schreiber sitzen da förmlich über sie zu Gericht. Die dafür angewandte Zeit und das Papier stehen in keinem Verhältnis zum ganz geringen Sachwert, den der Einsiedler bezogen hatte, aber es mußte den kleinlichen und knauserigen Anweisungen von höherer Seite Folge geleistet werden. Nachdem man seitenlang die inquisitorischen Fragen und die gegenübergestellten Antworten gelesen hat, weiß man zum Schluß, daß Bruder Valentin Gang im Bruderhaus täglich ein Maßl Milch, weiters Salz,

Rüben und manchmal auch Kraut bekam, sowie das Holz zum Selbstkochen. Aus dem Schätzungsprotokoll ersieht man, daß bei mehreren Posten wegen Abgetragenheit nur „wertlos“ steht. Es stünde nicht dafür, auch dieses ärmliche Inventar anzuführen, wenn es nicht etwas Rührendes an sich hätte. Laut Zeugenaussagen hatte der Verstorbene seine Habe dem Bruderhaus vermacht, wohin somit die Reste des Hausrats aus der Frühzeit der Einsiedler am Palfen gekommen sind. Da finden sich in seinem Nachlaß wieder die drei kleinen Möbel, darunter das feichtene Kastl mit Pult und Nebenschubladen, zwei hölzerne Hanguhren, ein paar Rosenkränze und die blecherne Brennölflaschen, ein Kruzifix, ein Loretokindl im Kastl, einen blechernen Nachtlichtdegel, ein Betschamel (Wert zwei Kreuzer), drei geschnitzte Bildl zu zwölf Kreuzer, ein Glutpfandl (zum Händewärmen) — sechs Kreuzer wert, drei bleicherne Schüsseln zu fünf Kreuzer, fünf erdene Haferln zu sechs Kreuzer, ein Pfriem und ein messingener Zirkel, zwei kleine Taferl mit geschnitztem Rähmchen zwälf Kreuzer, zwei Ohrenhäubchen, ein Paar Schlirfschuhe, Unschlittkerzen zu vier Kreuzer, ein erdener Schmalzhefen und — siehe da — eine Kaffeemühle zu 36 Kreuzer Schätzwert. Auch besaß er ein Paar blaue Socken, einen alten Strohhut und zwei schlechte Habite, die nicht geschätzt werden. Das ist die Habe dieses 80jährigen „Pfründtners“.

An Schulden „herein“ stehen ihm zwanzig Gulden aus dem Gräflich Kuenburg'schen Herrschaftsstipendium zu, das von jährlich 25 Gulden auf zwanzig Gulden herabgesetzt worden war, womit die Funeralienkosten bestritten werden.

1812 wurden auf Befehl der Bayrischen Regierung die Klausnereien eingestellt und die Zellen veräußert.

Für die neuere Zeit am Palfen sei ein Aufsatz von Konrad Nusko (Salzburger Volksblatt vom 3. April 1965) wiedergegeben:

Das Georgifest am Palfen ohne Einsiedler

„Wenn heuer am Georgitag (24. April) die Saalachtaler zu ihrer Pilgerfahrt auf den Palfen am Steinernen Meer rüsten, werden sie sich eines leisen Wehmutsgefühls nicht erwehren können: *Bruder Friedl*, der sie seit dem 23. März 1933 ganz schlicht, aber freundlich als Einsiedler begrüßte, lebt nicht mehr (er starb im März 1965 im Altersheim Saalfelden), und ein Nachfolger hat sich noch nicht gefunden.
Wie sehr das Tal, der große Markt Saalfelden an seinem Einsiedler am Palfen hängt, bewies die große Trauerfeier für Gottfried Schobersteiner in Saalfelden und die allgemeine bange Frage: Werden wir wohl wieder einen bekommen? Soweit unsere ältesten Saalfeldner zurückdenken, war dieser Posten nie vakant, ein Eremit löste den anderen noch bei Lebzeiten ab.
So wissen wir von *Josef Pichler*, Häusensohn in Gerstboden bei Lenzing in Saalfelden, daß er eine stattliche Erscheinung war, der mit langem Bart und würdiger Haltung sein Amt vertrat.
Ihm folgte *Simon Möschl*, Asenbauernsohn zu Pirzlbach in Weißbach bei Lofer, dieser war schon lockerer Art und als Wilderer bekannt; er betreute nur zwei Jahre dieses Amt. Ein tragisches Schicksal — er galt als verschwunden und wurde erst nach Jahren tot gefunden — beendete sein Leben (er war von einem Wildwasser oder einer Mure verschüttet worden).
Ihm folgte wieder ein Gerstbodner, *Alois Eder* von Ebersberg, auch eine Erscheinung, wie man sich einen Hausherrn am Palfen vorstellte, würdig mit langem Bart.

Nach ihm kam dann der originellste dieser Reihe, der sogenannte ‚Knopflochschneider' von Lenzing, *Seppei Haitzmann*. Dieser drollige Kauz lebt noch heute in bester Erinnerung im Volke. ‚Won i nit sammeln göh därfat, müassat i rein Bettln göh'n', war einer seiner Sprüche, und dieses Privileg nützte er weidlich aus. Mit seiner Butten durchwanderte er im Frühling und Herbst das ganze Saalachtal, und im Sommer besuchte er auch die Almen, wo ihn sein Hündchen, der ‚Burschi' treu begleitete. Er war eigentlich nicht viel auf seinem Hochsitz droben, drunten bei den Leuten ging es ihm besser und war es unterhaltsamer. Auch mit einer Häuserin hielt er es da droben. (‚Es ist so viel netta, wann wer nachbetn tuat.') Deshalb wurde er spaßweise der ‚Zweisiedler' genannt. Als Schneider hat er vorher bei den Bauern auf ‚Stör' gearbeitet; er nähte alles mit der Hand, ohne Maschine. Wollte eine Kundschaft das bestellte Kleidungsstück abholen, dann bekam sie nicht selten den spaßigen Bescheid: ‚Bis auf dö Knopflöchln is's föschtig — in oana Wochn konnst es holn'. Meist bekam sie nach einer Woche wieder den gleichen Bescheid. Drum bekam er den Spitznamen ‚Knopflochschneider'. Zwanzig Jahre wanderte Seppei in seiner Kutte mit den Einsiedler-Emblemen, der Muschel an der Brust und auf der Hutkrempe, dem Pilgerstab mit den beiden Heiligen Georg und Leonhard und dem Eremitenglöcklein am Knauf durch sein Gäu. Alle Leute liebten ihn, nur der Bürgermeister von Saalfelden mußte ihn wegen oftmaliger Nachlässigkeit in der Feuermeldung tadeln. ‚Schau i um elfi aussi, ist alls finsta; schau i um zwölfi aussi, wieda alls finsta; schau i um oans aussi, brinnts scho hellauf, und die Zitrone surmmt a scho. Woaßt a niea, wannst da nacha aussischau' sollst.' Solche Sprüche laufen heute noch vom guten Seppei im Munde der Saalachtaler herum. 1933 trat Seppei ab und ging ins Armenhaus, wo er 1938 starb.

Indessen hatte der damalige Gemeinderat und Referent für die Einsiedelei, Georg Rohrmoser, Schattbachbauer in Saalfelden, den Landarbeiter *Gottfried Schobersteiner*, gebürtiger Maishofner, für den Palfen angeworben. ‚Friedl' übernahm die Insignien formlos wie seine Vorgänger und entwickelte sich als ein braver Hüter seines Heiligtums. Im Krieg wurde er dienstverpflichtet und arbeitete beim Schneggbauern, hernach bezog er wieder seine Felsenklause. Als einziges Haustier hatte er einen großen schwarzen Kater, doch der wurde ihm untreu und verwandelte sich zur Wildkatze. Mit dem Sammelngehen hatte Bruder Friedl keine besondere Freude, er war etwas zu stolz zur Bettelei, und so verlegte er sich auf die kleine Bewirtung seiner Wallfahrer.
Einsiedler dürfen bekanntlich kein fixes Gehalt, sondern nur Bettelgaben bekommen. So bekommt auch der Palfen-Eremit keinerlei Pfründe. Das mag in unserer wohllebigen Zeit für die Neubesetzung der Einsiedelei am Palfen von großer Schwierigkeit sein. Keiner dieser vorgenannten Einsiedler war ein auf Gelöbnis verpflichteter Eremit, wie sie sonst von einem Einsiedlerorden an strenge Gebets- und Fastenverpflichtungen gebunden werden. Solche entsendet das bayrische Mutterhaus des Einsiedlerordens. Unsere Einsiedler waren eben nur mehr oder weniger fromme Sonderlinge, die das dürftige Leben in der Einsamkeit auf den Almen und Berghöfen schon gewohnt waren und sich solcherart für die Einsiedelei am Palfen noch leichter entschließen konnten.
Als Wohnschwierigkeiten da droben mag wohl die Felsnische und das Wassertragen vom Schloß Lichtenberg hinauf genannt werden. Der Felsen hält bei keiner noch so starken Beheizung die Wärme an, er hält immer kühl. Deshalb müßte er durch eine andere Wand isoliert werden. Die Gemeinde Saalfelden trägt sich wohl mit dem Gedanken, diesem

empfindlichen Übel in der Klause zur Sicherung der Gesundheit seines ständigen Bewohners abzuhelfen. Ansonsten müßte der Palfen-Einsiedler mit seiner romantischen Umgebung einverstanden sein und bleiben, sonst ist er kein echter Eremit.“ (Soweit Konrad Nusko.)

Zwei Jahre nach dem Tode Bruder Friedls zog ein gewesener Gewerbetreibender namens *Karl Kurz* aus Frannach in der Oststeiermark auf den Palfen. Er ließ sich einen Bart wachsen und hieß nun Bruder Karl. Schon im ersten Sommer trugen sich über zweitausend Besucher aus aller Herren Länder in sein Gästebuch (!) ein. Die Eintragungen sind mit dem Dank für seine Freundlichkeit und Bereitwilligkeit verbunden, mit der er seine Zelle besichtigen ließ, die sein Vorgänger nicht gern herzeigte.
Dieser ehemalige Kaufmann, 70 Jahre alt, konnte selbstverständlich wintersüber nicht in der Felsenklause bleiben. Bis Weihnachten hielt er es trotz stundenlangem Schneeschaufeln und Wassertragen aus; dann mußte er einen seinem Alter entsprechenden Aufenthalt aufsuchen. Wenn er im Frühjahr wieder hinaufzog freute sich das ganze Tal.
Am 9. Jänner 1969 schreiben die „Salzburger Nachrichten“: „Der einzige Einsiedler Österreichs, Bruder Karl Kurz, wurde Dienstag von Erzbischof Andreas Rohracher in Salzburg in Privataudienz empfangen. Er erhielt vom Salzburger Oberhirten eine Spende als Beihilfe für dringende Renovierungsarbeiten. Kurz, der in diesem Winter auch die Wege zur Einsiedelei offen hält, so daß sie jederzeit besucht werden kann, bezeichnet seine ersten Weihnachten in der Klause als die schönsten seines Lebens. Insgesamt erhielt Bruder Karl aus dem In- und Ausland über hundert Kartengrüße und Päckchen. Unter den Gratulanten befand sich auch der designierte US-Präsident Nixon . . .“

Ihm selbst kaum faßbar, wurde seine durch eine Fernsehsendung (Was bin ich?) erlangte Popularität. Er genoß sie so sehr, daß er im Herbst 1970 tief bekümmert war, als im Laufe des Septembers der Besucherstrom zu seiner Klause sehr nachließ. Durch selbstverfaßte Drohbriefe und angeblich von Feinden abgegebene Schüsse auf seine Zelle, hoffte er wieder in der Öffentlichkeit besprochen zu werden. Die behördlichen Einvernahmen stellten sehr bald die große Unwahrscheinlichkeit seiner Angaben über den Überfall fest. Da er sich immer mehr in Widersprüche verwickelte, mußte er letzten Endes gestehen, alles selbst in Szene gesetzt zu haben. Und so drohte ihm eine Anzeige wegen Irreführung der Behörden. Er begriff, daß sein Aufenthalt in der Einsiedelei unmöglich geworden war, rasierte sich seinen wallenden weißen Bart ab, zog seine Kutte aus und verschwand aus Saalfelden.

Vierzehn Tage später, vermutlich am 4. November 1970, stürzte er sich aus dem von Graz nach Bruck fahrenden Zug. Am Vorabend hatte er noch am Bahnhof-Postamt Graz ein Schreiben mit beigegebenem Testament und seinen Sparbüchern an das Verlassenschaftsgericht aufgegeben und darin seinen Freitod angekündigt.

Erst eine Woche später findet ihn ein Vermessungstrupp in einem Wassergraben neben dem Bahnkörper.

Der erste, uns bekannte Einsiedler am Palfen, namens Thomas Pichler, begeht nachdem er 35 Jahre lang da oben gehaust hatte, Selbstmord, weil er befürchtete trotz kargsten Büßerlebens, nach seinem Tode doch noch für seine Sünden zur Verantwortung gezogen zu werden. Der „Einsiedler" der Jetztzeit setzt auch seinem Leben ein Ende, weil er das Leben ohne Fremdenzustrom nicht ertragen konnte. Er hatte sich offenbar in die Einsamkeit zurückgezogen um damit

aufzufallen. Und so erträgt er auch nicht den Sturz in die frühere Alltäglichkeit und wirft sein Leben weg.
Im Frühjahr 1971 bezog der Gärtner *Georg Schaber* die Felsenklause, verließ sie aber wieder im Herbst selben Jahres.

Maria Plain

Nichts Unbekanntes ist zur Entstehung der Wallfahrt nach Maria Plain mitzuteilen. Es sei das schon Bekannte daher ganz kurz wiederholt, soweit es in den Rahmen dieser Zusammenstellung paßt. Das im Gang des ersten Stockes des Superioratsgebäudes hängende Bild, das *Rudolf Grimming* zu Niederrain betend in der Klausnerkutte darstellt, hat man fast hundert Jahre später gemalt, denn es stammt aus der Mitte des 18. Jahrhunderts. Dieser Umstand kann aber nicht stören, da der Habit gleich blieb und diese Darstellung für alle anderen Einsiedler genommen werden kann.
Johann Ludwig Grimming zu Niederrain hatte das Maria Plainer Bild zwei Jahre in seinem Schlosse Mülleck (jetzt westlichster Teil des Augustiner-Klosters in Mülln) in Obhut. Nach seinem Tode erbaute sich dessen Bruder Rudolf 1652 auf dem Plainberge gegenüber seines Hofes, (jetziger Gasthof) eine hölzerne Kapelle und stellte das Bild zur öffentlichen Verehrung aus. Das Konsistorium verlangte aber die Aufstellung des Bildes in einer Kirche. Rudolf Grimming ließ daraufhin eine Kopie des Marienbildes malen, die er in die hölzerne Kapelle brachte. Er selbst nahm das Original 1653 wieder nach Mülleck und 1658 mit auf den Wankerberg (Diözese Augsburg), wo er sich eine Einsiedelei baute. Von dort kam später das Originalbild in die inzwischen erbaute große Wallfahrtskirche feierlich zurück.

Wer Einsiedler wurde, zog stets von seiner Heimat fort an einen anderen Ort, wo ihn niemand kannte. Dies ist bei allen hier Besprochenen zu beobachten. Eine Ausnahme machen nur die Brüder Schmiedpichler in St. Gilgen und ein Saalfeldner, der nur auf den höher gelegenen „Palfen" zog.

Sendlberg, Pfarre Köstendorf

Auf dem Sendlberg, der bei Neufahrn zwischen Henndorf und Neumarkt gelegen ist, entstand und verschwand im 18. Jahrhundert eine Liebfrauen-Wallfahrtskapelle. Dechant Auer von Köstendorf berichtet 1736 (Konsistorial-Archiv) an das Konsistorium, daß vor etwa dreißig Jahren dort, an einem Tannenbaum hängend von einem Hirtenbuben ein Muttergottesbild gefunden und von der umliegenden Nachbarschaft sehr verehrt wurde, die mit Wissen des Pfarrers ihm eine hölzerne Kapelle erbaute.
Wolf Anton Graf von Uiberacker verschönerte ihr Inneres durch vielfärbige Zimmer-Spaliere (Tapeten) und bittet im Jahre 1741, auf eigene Kosten dort ein Eremitorium erbauen zu dürfen. Er fragt an, ob dagegen ein Bedenken bestehe. Es wird ihm bewilligt, und *Frater Ludwig Brüggl,* Eremit am Falkenstein, der drei Jahre dort als Mitbruder lebte, zieht nun auf den Sendlberg. Diesen ehemaligen Schneidergesellen aus der hochfürstlichen Guardaroba zieht es, so wie die anderen Mitbrüder, zu einer eigenen Zelle. Alle Einsiedler verbleiben bis zu ihrem Tod oder schwerer Gebrechlichkeit in ihrer Klause. Nur wenn ein Mitbruder auftaucht, beginnen meistens Schwierigkeiten. Nach wenigen Jahren zieht dann der „Zugezogene" wieder weg, um in einer anderen Klause allein leben zu können.
1756 gelingt es Graf Uiberacker nach oftmaligem Ansuchen, für die Kapelle auch eine Meßlizenz zu erwirken; dies wohl

nur in Anbetracht der großen Entlegenheit der Neumarkter Kirche und des großen anhaltenden Zulaufes zum Marienbilde in der Kapelle, von der wir eine Beschreibung haben. „Sie ist auswendig rot angestrichen. (Da sie aus Holz gebaut ist, wurde sie in der üblichen Manier mit Ochsenblut bemalt, das auf Holz aufgetragen eine dunkel-bordeauxrote Farbe ergibt.) Die Decke innen ist blau getönt, die Wände mit (den erwähnten) bedruckten Zimmer-Spalieren verkleidet und durchgehend mit Votiv- und anderen erbaulichen Bildnissen geziert. Desgleichen mit wäxernen und silbernen Anathematibus (Banntafel) behängt. Das kleine schmerzhaft-marianische Vesperbild, von zwei geschnitzten Engeln in einem zier-vergoldeten Ramb gehalten, steht auf einem Postament". Man bemerkt dann, daß man im nahen Schloß Sieghartstein die Gelegenheit ein Eremitorium errichten zu können, mit Freuden ergriffen hat, sich aber 23 Jahre später daran desinteressiert zeigte.
Frater Ludwig Brüggl stirbt am 11. Mai 1764 in Henndorf, von schwerem Schlagfluß befallen. In seinem Testament führt er an, daß er die ihm anvertraute Kapelle immer sauber gehalten habe, ebenso die Andachten (wie Rosenkranz vorbeten) und die erforderten Krankenbesuche machte.
Seine Habe vermacht er den Nachbarbauern Georg Oberhauser, Oberascher, und dessen Sohn, die ihm immer beigestanden haben, „nicht aber seiner Schwester Rosalia Priggl, lediger Herbergmensch in Stain (?), Land Salzburg, die er schon oft unterstützt habe".
Alsogleich meldet sich ein Anwärter für die Klause am Sendlberg. Der Dechant von Köstendorf schreibt dazu an das Konsistorium: „*Jakob Abether* von Rattenberg in Tirol, war sechzehn Jahre lang Bedienter bei mir im Pfarrhof. Er ist 36 Jahre alt, eltern- und mittellos. Er ist gelernter Goldschmied, kann aber wegen seiner schwachen Augen den

Beruf nicht ausüben. Er ist überzeugt, daß Abether aus wahrem Antrieb und Vocation die Armuth suche." Noch im Mai 1764 wird er aufgenommen.
Aber 21 Jahre später herrscht ein ganz anderer Zeitgeist. Das Dekret von 1785 gegen die überflüssigen Kirchen ließ die Kapellen nicht nur sperren, sondern auch niederreißen. Auf die Anweisung von Salzburg, dem Einsiedler eine angemessene Beschäftigung zu finden, antwortet der Dechant: „Erstens ist er schon 54 Jahre alt, leibschädig und wegen seiner geschwächten Augen könnte er sich nie selbst ernähren — auch mit Hilfe der Augengläser nicht. Er sei 23 Jahre lang freiwillig von den Nachbarn miternährt worden, wenn man ihn aber — wie vorgesehen — als Meßner auf den St. Johann am Berg (bei Köstendorf) überweise, müsse man der dortigen armen Meßnerwitwe einen kleinen Beitrag hinangeben, und dieselbe überdies von ihrem Haus vertreiben. Er sehe nur den Ausweg, daß man den Eremiten am Sendlberg belasse; wenn man ihn nicht dem betrübten Schicksal der Armut gänzlich überlassen wolle, täglich mit anderen verarmten Leuten von Haus zu Haus betteln gehen zu müssen. Abether sei schon vor 23 Jahren in diesen Stand eingetreten, ohne daß er ein so trauriges Ende desselben jemals voraussehen konnte und er ohne eigenes Verschulden, zu jeder anderen Brotgewinnung unbrauchbar geworden sei. — Sollte aber die Kapelle am Sendlberg — gleich wie es schon geschehen ist — gesperrt und aufgehoben bleiben, so solle man Abether die Sammlung lassen und ihm auftragen, für die Kinder, die so weit von Köstendorf wohnen, die Schule zu halten. Denn so würde nach unserem Betrachten, auf diese Art das gehässige (!) eines neuen und abseitigen Wallfahrtsortes oder der dortigen Kapelle hinwegfallen und das Volk zu Nebenandächteleien keinen Anlaß mehr haben. Und endlich könnte man von der Gemeinde erwarten, daß sie die

Eingehung der Kapelle leichtlich verschmerzen und dem Einsiedler die Sammlung um so williger reichen würde, wenn sie das, was sie ihm hingibt, durch den Unterricht an die Kinder wieder einnimmt."

Man sieht, der Dechant paßt sich dem neuen, rationalistischen Ton „von oben" an, um seinem alten Bedienten zu helfen. Drei Monate später im Juli 1786 stirbt Salome Winkler, die verwitwete Meßnerin am Johannsberg bei Köstendorf. Der Dechant schlägt vor, Abether jetzt dorthin zu versetzen, da man schwer jemand finden könne, der für fünf Gulden jährlich da hinaufziehe und Obsorge auf die Kirche halten wolle.

Im Dezember 1786 wird die Klause am Sendlberg behördlich versteigert.

Im April 1789 beklagt sich Frater Raymund (Abether), daß ihm der Oberschreiber von Straßwalchen seine Getreidesammlung beschlagnahmt und verkauft habe, von was er denn leben solle? Die Hälfte des Betrages vom verkauften Getreide wird ihm wieder zurückgestellt. Dafür dürfe er aber nicht mehr sammeln gehen, denn es werde durch die Summe von sechzig Gulden jährlich für seinen Unterhalt gesorgt werden. Dies zu erreichen, kostete dem Dechant viele Schreibereien.

Als Frater Raymund Abether in das Meßnerhaus kam, erwartete ihn dort eine neue Plage. Der schlechte Bauzustand dieses Hauses veranlaßte den Dechant, darüber einen Bericht zu schicken: „Das von Holz erbaute Küsterhaus am Johannsberg ist von verschiedener Gattung Ungeziefer so sehr angestecket, daß der dermalige Bewohner Raymund Abether bereits mehrere Mittel vergeblich dagegen angewendet hat. Um dem Ungeziefer die Zufluchtsörter in den hölzernen Wänden zu verschließen, ist vor allem notwendig, daß wenigstens im unteren Stück die Wände und Decken angeröhret (mit Stukkaturrohr) und die geschwundenen Fußböden zusammengetrieben werden!" Der Kostenüberschlag lautet ähnlich: „Die Stuben zu eben Fuß, in welcher salva venia die Wanzen, Kefer, Wurm und Ungeziefer dermaßen eingewurzelt sind, daß solche fast nicht mehr zu bewohnen ist, sollte angeröhret werden etc. . . ."

Diese Plage, die dem Einschichtigen sicher wenig Ruhe zum Beten und Meditieren ließ, dürfte erst einige Jahre später ein Ende genommen haben, und zwar als die in diesem Haus ausgebrochene Feuersbrunst (ein radikales Mittel?) diese Behausung zur Gänze einäscherte. Von einer Neuerrichtung wurde abgesehen. Es wird angenommen, daß sie östlich der so schön und einsam gelegenen Kirche stand, dort, wo sich jetzt ein Marterl für die der Pest zum Opfer gefallenen befindet.

Laut „Köstendorfer Heimatbuch", (v. J. Vogt) hat Frater Raymund das verehrte Marienbild vom Sendlberg nach St. Johann am Berg gebracht, von wo es später in die „Schwabkapelle" übertragen wurde. Diese mußte nun einer Straßenerweiterung weichen. Das Gemälde, es stellt ein „Vesperbild" dar, wurde in das neue Altersheim gebracht, wo es über dem Altar der Hauskapelle hängt. Signiert ist es mit „Fec: Ant. Lorenzoni Invenit 1776", einem in Salzburg nicht unbekannten Maler. Es kann aber unmöglich dasselbe Bild sein, das schon am Sendlberg verehrt wurde, da dieses immer als „kleines" Ölgemälde bezeichnet wurde. Das im Altersheim ist aber ein ausgesprochen großes Bild. Auch wurde das ursprüngliche Vesperbild schon um die Mitte des 18. Jahrhunderts verehrt und kann daher nicht erst 1776 gemalt worden sein. Es kann sich also nur um eine Replike in vergrößertem Maßstabe handeln, die aber sehr wohl schon in St. Johann am Berg gehangen sein mag.

Abb. 23 Saalfelden am Steinernen Meer, Palfen, Einsiedelei

Abb. 24 Palfen, Einsiedelei, Vorderansicht

Abb. 25 Saalfelden, St. Georgs-Kapelle im Palfen

Abb. 26
Ausblick von der Einsiedelei auf Saalfelden und Schloß Lichtenberg um die Jahrhundertwende

Abb. 27
St. Jakob am Thurn, Kruzifix am Thurn, wahrscheinlich aus dem Nachlaß des Einsiedlers

Abb. 28
Tönerne Erinnerungsfigur an den Einsiedler, St. Jakob

Abb. 29 St. Pankraz bei Nußdorf

Abb. 30
St. Pankraz bei Nußdorf, barockes
Altarbild — Einsiedlerdarstellung

Lofer

1663 sucht *Urban Gruber,* in der Rauris, zu Gaispach gebürtig, an, sich in Lofer als Einsiedler niederlassen zu dürfen. Das Konsistorium erkundigt sich daraufhin über sein Herkommen und seinen Lebenswandel. Es erhält die Auskunft, daß er einer verstorbenen Schuhmachers-Witwe, in Gaispach wohnhaft, ehelicher Sohn sei, der lange krank war und für einen frommen, betenden Menschen gehalten werde. Da er die Regel der Kapuziner annehmen will, wird ihm anempfohlen, sich bei den Herren Kapuzinern in Salzburg zu erkundigen, was für Hores er zu beten habe. Der Supplicant bittet dann, ihm eine Wohnung zu erbauen, „dort wo vor etlichen Jahren ein Einsiedler gewest ist, die Wohnung aber nunmehr fast niedergefaulet sei". (Leider ohne nähere Angabe, wo sich dieser Ort bei Lofer befindet.) Einen Monat später bekommt er dazu die Bewilligung und die Zusicherung einer Hilfe zur Auferbauung einer Klause. Der Standort ist unbekannt.

Saalbach

Josef Lahnsteiner berichtet von einem Einsiedler in Saalbach namens *Franz Reinfrank,* der 1754 in der Oberwirtshalb sich eine Hütte baute, um dort als Einsiedler zu leben. Er begann dann in Hinterglemm-Gunggau den dortigen Kindern Unterricht zu erteilen.

Zell am See

Neben der Straße, an der Nordeinfahrt von Zell am See, steht eine gemauerte Kapelle von 1778. Schon vorher muß hier eine Andachtsstätte gewesen sein (J. Lahnsteiner, „Unter-Pinzgau") „... denn 1756 ließ sich hier ein Einsiedler

namens *Hans Braidfuß* am Glemb nieder, der sich da eine Klause errichtete und später der Wächter der Kapelle wurde. Die Bürgerschaft von Zell versorgte ihn mit Holz, die Bodner sorgten für seinen Lebensunterhalt." Im Juli 1767 stirbt Georg Heigenhauser, Einsiedler am Palfen bei Saalfelden. Er vermacht seinen Kreuzweg „dem Bruder Jacob Praitfuß, Einsiedler zu Zell im Pinzgau". Vielleicht sind dies die sich hinter der Kapelle hinaufziehenden Leidensstationen, die allerdings im Jahre 1923 mit neuen Holzbildwerken ausgestattet wurden. „Nur die Kreuzigungsgruppe", schreibt J. Lahnsteiner „wurde belassen".
Dem Vernehmen nach mußte die Anlage im Zuge der Erweiterung der nördlichen Straßeneinfahrt von Zell am See entfernt werden.

Bad Fusch

Am 26. März 1702 schreibt der Pfarrvikar, daß vor vierzehn Tagen durch eine abgegangene Schnee- und Windlahn (Lawine) die halbe Kirchmauer samt dem darangebauten, sogenannten Einsiedlerey-Stöckel ruiniert worden sei. Weitere Angaben waren nicht zu finden. Erst mit der zweiten Hälfte des 17. Jahrhunderts beginnen die Bauakten, und zu dieser Zeit wurde das Gebäude schon als das Meßnerhaus bezeichnet.
Daß sich früher einmal hier ein Einsiedler niedergelassen hatte, ist wohl damit zu erklären, daß die Kirche St. Wolfgang geweiht ist, der, wie am Falkenstein, auch hier in Verbindung mit dem neben der Kirche entspringenden Wunderbründl gebracht wird.

Böckstein

Kurz erwähnt sei die Mär, daß Erzbischof Graf Schrattenbach dort, wo er die Böcksteiner Kirche errichten ließ, eigentlich für sich ein Haus zu bauen wünschte, um in diesem verborgenen Alpentale nach entsagter Würden, sein Leben in Einsamkeit zu beschließen. Er kaufte die Baustelle für Kirche und Pfarrhof eigentümlich an und soll die Stelle seiner erträumten Einsiedelei als den Standort für das Gotteshaus bestimmt haben. Da er sich nach Fertigstellung des Baues (1767) sehr Zeit ließ, um zu dessen Einweihung zu kommen, wird sein Ausspruch sicher nur eine Art Kompliment an die Einwohner des Knappenortes gewesen sein.

Kitzlochklamm und Taxenbach

Zu Anfang unseres Jahrhunderts soll sich kurze Zeit in der Kitzlochklamm ein Einsiedler aufgehalten haben. Näheres war leider nicht zu erfragen. J. Lahnsteiner erwähnt („Unter-Pinzgau“), daß als letzter Bewohner in der Burgruine Taxenbach ein Einsiedler hauste. Auch in diesem Fall konnte Näheres nicht in Erfahrung gebracht werden.

Stuhlfelden

1740 bittet *Josef Gruber*, ober Stuhlfelden, im Walde, eine Klause errichten zu dürfen. Am 17. April 1771 stirbt er. Er vermacht am Totenbett seine geringe Verlassenschaft seinem Nachfolger *Johann Neumayr* mit der Auflage, daß dieser ihm die Funeralkosten bestreite und Seelenmessen lesen lasse.
Auch er hat neben seinem „Wohn-Stübl“ eine Kapelle mit einfachster Einrichtung. In seinem Todfall-Inventar vom Mai 1771 wird darin ein zu einem Monstranzl geformtes Glasbergl erwähnt, darin ein Kreuzpartikel ist. Dann ein

Altarl mit kleinem Tabernakel und ein Messing Amperl. Im „Wohnstibl": eine Schlaguhr samt Wecker, eine hölzerne Uhr ohne Schlagwerk, ein Trüherl, ein Buch von lauter Kupferstich, von denen Einsiedlern. (Es handelt sich dabei sicher um dasselbe Werk, wie im Kloster Nonnberg.) An Bargeld sind drei Gulden 25 Kreuzer vorhanden. Sonst noch ein grüner Wasserkrug, vier irdene Häfen, zwei blecherne Leinölflaschen, eiserne Pfannen und ein Mueßser; ein eisernes Gazl (Schöpfer), ein Feuerhund und ein Brandschaufel, eine Feuerzange und ein eisernes Ofentürl. An Werkzeug: zwei Hammer, eine Zange, drei Maishacken, eine Axt und eine Schlöglhack, ein Handbeil und zwei Kuchlhackeln. Ein beschlagener Ziechschlitten, ein Sappin und ein Spansage. Ein wahrhaft karger Nachlaß! Man findet weder eine Bettstatt noch einen Strohsack. Als einzige Möbelstücke werden ein Trüherl und zwei Uhren erwähnt, nicht einmal ein lederner Polster, keine Wäsche! Das vorhandene Werkzeug dient der Holzarbeit. All diese Inventare bezeugen, daß sie keine Leibwäsche trugen. Wie konnten sie nur oft jahrzehntelang den klirrenden Winterfrost ertragen? Der asketischeste Wille kann so viel Widerstandskraft nicht erklären.

Unter den Ausgaben für das Begräbnis ist für das Nachtwachten, für Getränk und Kerzen zwei Gulden 49 Kreuzer angeführt. Für Brandwein 45 Kreuzer und für Brot 26 Kreuzer eingesetzt. Für eine Kreuz-Kron (Grabkranz) sind 48 Kreuzer Auslagen angegeben. Ein verhältnismäßig hoher Preis, der wohl nur durch den Umstand zu erklären ist, daß man sie ausschließlich aus Rosmarinzweigen flocht.

Von seinem Nachfolger, Bruder Johann Anton Neumayr wissen wir nichts Näheres. Er stirbt ganz unvermutet am 10. Dezember 1784, daher „unversehen", wie der Dechant meldet, „glaublich hat er an Herzwassersucht das Zeitliche gesegnet". Er wurde tot in seiner Klause aufgefunden. Damit ist er nicht der einzige seines Standes, der in seiner Klause ohne Beistand starb.

Wegen seines geringen Nachlasses, folgt ein längerer Rechtsstreit zwischen dem Dechant von Piesendorf und dem Pfleger zu Mittersill, wer berechtigt sei, diese Verlassenschaftsabhandlung vornehmen zu dürfen, wobei zwischen der vom Dechant schon vorgenommenen privaten Bestandsaufnahme unter Beiziehung eines Schätzmeisters und Zeugen und der Aufzählung der Erben mit einer vom Pfleger, — „cumultativen" Abhandlung — sehr unterschieden wird. Die letztere hätte der Pfleger von Mittersill, als Vorsitzender, vorzunehmen gehabt. Der Streit sei auszugsweise wiedergegeben, da auch er den so ganz anderen Ton, der seit dem Ableben des Erzbischofs Schrattenbach herrscht, wiedergibt.
Ostern 1785. Erzürnt schreibt der Dechant Johann Altenberg zu Piesendorf an das Konsistorium: „Nichts minder hätte ich mir eingebildet, als daß ich mit dem Pfleger zu Mittersill die Inventarabhandlung anjetzt ‚cumultative' vornehmen soll, wo ich doch schon vor Monaten auf approbante Rev. officio sie ‚privative' vorgenommen habe. Glaubte Herr Pfleger Recht zu haben, so hätte er solches gleich Anfangs — und nicht mehrere Monate später — behaupten können! Ich kann nicht erkennen, *was* dem Pfleger anerkannt wurde und bitte, mir mitzuteilen wie ich mich zu verhalten habe. Wenigstens hätte man, um die Ehre der Geistlichkeit zu schonen, für diesmal die Sache beruhen lassen sollen. Bei dem Todfall des Einsiedlers Joseph Gruber (1771) habe ich nomine reclamante ohne Abhandlung diese ‚privative' vorgenommen. Eben diese Gerechtsame übten bisher auch die Dechante zu Saalfelden, bei Ableben der dorten Einsiedler aus".

Dieser Rechtsstreit um die Befugnisse, wer die Verlassenschaft eines Einsiedlers abwickeln kann, wird so entschieden, daß es für diesmal bei der vorgenommenen „Privativen" sein Verbleiben habe; sie für die Zukunft aber „cumultativ" vorzunehmen sei, also vom Pfleggericht, und nicht von der geistlichen Behörde.
„Inventar vom 29. Jänner 1785, des Frater Johannes Neumayr, gewesten Eremiten zu Stuhlfelden." Aus dem äußerst genauen Inventar entnimmt man, daß nun die Kapelle an Heiligenstatuen und Bildern viel reicher ausgestattet ist. Sie hat jetzt ein Kripperl und die im Land Salzburg besonders verehrten Mariendarstellungen, wie von Maria Plain, Maria Dorfen, Maria Hilf, Wessobrunn und Landshut. Die Truhe mit den Werkzeugen findet sich wieder, ebenso das Buch mit den Kupferstichen. Aber nun doch ein Strohsack von Rupfen und ein Kopfkissen. Auch drei Handtücher, ein Paar Schuhe, ein Schnupftuch, zwei Paar Strümpfe, fünf alte Truhen, ein Sechterl darin zehn Pfund Schmalz à zwölf Kreuzer, mehrere kleine Mehlsackerl (zum Einsammeln), ein Krügl mit Honig, und ein Mittersiller Metzen Korn wurden aufgenommen. Außer der Klause: „vier Klafter Feichten Holz, ein halbes Klafter hartes Holz." Gesamtwert der Habe: 38 Gulden 35 Kreuzer. Zum Vergleich seien die Auslagen für die Funeralien angeführt. Unter anderen Posten: „. . . für den Organisten 36 Kreuzer, dem A. Schmerold (wahrscheinlich Wirt) für Todtenzehrung 33 Gulden 24 Kreuzer!" Es ist durchaus kein Einzelfall, daß durch den „Leichenschmauß" nicht nur große Mengen an Essen und Getränken verzehrt wurden, sondern auch der gesamte Wert einer Verlassenschaft.

Werfenweng

Durch Dürlinger wissen wir von einem Eremiten in Werfenweng. Er schreibt: „Die Schule von Werfenweng begann der

Meßner und Tertiarier *Frater Anton Pachiel* im Jahre 1748 und hielt sie bis zu seinem Todesjahr 1784. Die Schule war im Hause, das sich Frater Pachiel selbst gebaut und auch 1744 zu einer Eremiten- und Meßnerwohnung der Kirche geschenkt hatte. 1769 brannte sie ab, wobei sein Nachfolger, der Schulmeister und Meßner Joseph Köllerer umkam."

St. Jakob am Thurn

1749 sucht *Franz Passler,* der sich schon 22 Jahre als Einsiedler in der Klause am Palfen bei Saalfelden aufhält, darum an, sich als solcher in St. Jakob niederlassen zu dürfen. Das Hinaufkommen in seine jetzige Klause sei ihm wegen hohen Alters und dem Bergwinter zu beschwerlich geworden. Auch möchte er in seiner Sterbestunde einen Geistlichen in der Nähe haben. Alle Hofmarksuntertanen werden nun von der Herrschaft St. Jakob (Graf Platz) einberufen und befragt, ob sich in St. Jakob ein Einsiedler ansiedlen dürfe und sie ihm, so oft er es nötig habe, die Einsammlung seiner Lebensmittel gestatten würden. Da sie dies nicht nur gestatten, sondern auch wünschen, darf er ein leerstehendes „Häusl" unweit der Kirche beziehen. Er soll dafür täglich den Rosenkranz in der Kirche vorbeten. Passler ist verwitwet und war Müller von Beruf.
Noch im selben Jahr nach bewilligter Niederlassung in St. Jakob, schreibt Frater Franz Passler an das Konsistorium, daß er von dem durch zwei Jahre angelernten Mitbruder Anton für die Ablöse der Einrichtung der Saalfeldner Klause 150 Gulden zu bekommen habe. Mit eingerechnet seien da die Unkosten, die er mit ihm gehabt habe. So sei er doch mit ihm eigens zu ihrem Provinzial nach Wien gezogen, und er habe alle Reisekosten bezahlt.

Darauf schreibt der Dechant von Saalfelden an das Konsistorium, daß diese 150 Gulden sequestriert worden seien, da es sich dabei nicht so sehr um die Ablöse der Fahrnisse handle, als daß sich die beiden Eremiten ganz heimlich — ohne sein Wissen — verglichen hätten, daß damit inbegriffen auch die ganze Klause sei. Frater Franz habe dem Dechant aber schon öfters seinen stützigen Aigensinn bezeiget, und den getroffenen Vertrag vor ihm geflissen verborgen.

Darauf muß sich Frater Franz rechtfertigen. Er bestreitet, daß es im Handel auch um das Eremitorium gegangen sei, sondern nur um die Fahrnisse, die Reisekosten und Einkleidung seines Mitbruders. Auch habe er seinem Nachfolger, der ein gewester Bauernknecht war, das Lesen gelehrt und nichts dafür verlangt. Nun wird in Saalfelden sein ehemaliger Mitbruder, der vierzigjährige Frater Antonio Reitsamer, gebürtig aus Hochfilzen, einvernommen. Durch die präzisen Fragen und festgehaltenen Antworten ergibt sich, daß Frater Anton zu allem „Ja" sagte, was Frater Franz Passler von ihm verlangte, und nichts davon dem inzwischen verstorbenen Dechant gesagt hatte, weil er besorgt war, „der Contract zwischen ihnen werde nicht genehmigt werden; so daß Frater Franz von der Klause nicht weggekommen wäre, welches er doch gar gerne gesehen hätte, wegen desselben zu wunderlichen Kopf, dessen er sich in die Länge besorgt hätte, wenn sie beisammen sollten gewohnt haben."

Laut Anordnung wird dem Frater Franz nur so viel von den 150 Gulden ausbezahlt, als das Mobiliar laut Schätzung wirklich wert ist, das übrige aber Frater Antonio zurückgestellt. Auch ist ihnen beiden die Heimlichkeit ihres Contractes nachdrucksam zu verweisen. Das Inventar, das Frater Franz so hoch veranschlagte, ist: ein Glöckl, eine Uhr, ein Loreto-

kindl, zwei Altärchen, ein Tischl, zwei Lehnstühl, Bücher, ein Weihbrunnkessel und einige alte Tafeln.
Zehn Jahre später stirbt Frater Franz in St. Jakob. Darum folgt 1759 eine Eingabe vom Einsiedler, Frater Josephi Eckersdorfer, am St.-Pankratz-Schlößl bei Nußdorf am Haunsberg, nächst Lauffen. Er macht darauf aufmerksam, daß Frater Franz zu Pfingsten des Jahres gestorben sei, „und er vernommen habe, wie die Ratzen und Billmaus zur Nachtzeit in dessen versperrter Verlassenschaft nach und nach alles zerbeißen. Und so auch das, was ihm der Verstorbene vermacht habe. Er bitte daher, daß die Sperre vom gestrengen Herrn Verwalter in Bälde abgenommen werde, — die er wegen vieler Geschäfte hinausschieben mußte, — damit nun weiterer Schaden verhütet werden möchte, und er zu dem Seinigen komme. Johann Caspar Pichler, der Herrschafts-Verwalter, bekommt Order, die Sache zu erledigen. Universalerbe ist das Gotteshaus in St. Jakob.
Dem Verlassenschafts-Inventar vom Jänner 1760 entnehmen wir folgende Einrichtungsgegenstände dieser Klausnerwohnung: „In der Kammer ‚Nichts'. In der heraussigen Stuben: eine Hang-Uhr, ein Wecker, ein Bettstadl samt Decken und Strohsack. Drei Vogelhäuseln, ein Thurnglöckl bei 30 Pfund wiegend, weiters ein Kreuzweg in Kasterl, drei schlechte Kupferstich und zwei Landkarten. Ein Vogel-Gspiel, welches Peter Schafferl, bürgerlicher Bäck in Hallein, hieher geliehen zu haben vorgibt, aber der gnädigen Frau Baron Dückker zu Urstein geschenkt worden sei".
„Ein zinnernes und ein blechernes Ölamperl." Weiters das übliche, ganz bescheidene Küchengeschirr an irdenen Haferln, Schüsseln, drei Leuchter und zwei Daller. Aber die Wände waren in Anbetracht der großen Zahl von verglasten Kastln und Bildern bestimmt nicht kahl! Denn zahlreiche Bildwerke waren da aufgestellt. So zwei Statuen von

den hll. Franziskus und Antonius und Christus an der Geißelsäule. Dieser „Christus flagellatus" ist in jeder Klause zu finden. Weiters das Schnitzwerk eines „großen Todt", den vermacht er dem Einsiedler Frater Joseph Echersdorfer, als seinem extra guten Freund und Mitbruder, dazu eine Tafel mit Reliquien. Die andere an die St. Jakobkirche. Sein großes Kruzifix, vier Schuech hoch, dem Bachschmied mit dem Geding, daß er es bei einem Weg aufrichtet allwo Leuth vorbeigehen, damit dann und wann ein Vaterunser gebetet wird oder ein gutes Gedenken gehalten werde. Möglicherweise ist das große Kruzifix, das am Turm in St. Jakob angebracht ist, identisch mit jenem dem Bach-Schmied vermachten. (Bis vor wenigen Jahrzehnten diente der Turm als Pfarrhof.) Fünf Tafeln mit Reliquien und „Ceris Papalis" (meist Agnus Dei), ein Loretokindl und eine hl. Magdalena in verglastem Kastl vermacht er der Kirche St. Jakob. (In der Kunsttopographie, Band XX, S. 235—236, sind mehrere Gegenstände angeführt, die aus diesem Vermächtnis stammen dürften.) Seiner Tochter, Anna Bastlerin in St. Johann i. Tirol, legiert er zwei bossierte Wachsfiguren von Klosterfrauen und ein großes „Maria-Dorfen"-Bild.

Nicht ganz durchschaubar ist das Legat, das er dem Verwalter Pichler am Thurnberg vermacht. Nämlich sein härenes Bußkleid samt seinem an der Wand hangenden Totenkopf, aber auch seinen großen hölzernen Sessel. Alles zusammen muß in seiner Behausung ein etwas skuriles, aber malerisches „Interieur" gewesen sein. Dabei steht wie immer bei der Rubrik „Leingewandt", das über den Wäschebestand Auskunft gibt: „nichts".

Diese Klausnerbehausung zeigt, wie keine andere, wie weit sich schon ihre Einrichtung von einer ursprünglichen Zufluchtsstätte in den Wüstengebieten verändert hat. Nur noch der „Christus an der Geißelsäule“ und die für ein „Stübl“ ungewöhnliche Aufstellung eines „großen Todt“ und eines Totenkopfes, zeigt noch von einem Verlangen, stets an Buße, Leiden und Sterben erinnert zu werden. Aber die vielen Vogelkäfige, verglaste Schaukästen, Bilder und Küchenhaferln, bringen eine so ganz andere Note in diese Zelle. Eine leider nicht vorhandene bildliche Wiedergabe hätte Bruder Franz inmitten seiner Klause, die ja nur ein Dorfhäuschen war, sicher eher in die Nähe jener von Spitzweg gemalten Käuze gebracht, die versponnen in ihrer Stube stehen.

Regierungsrat K. Brandauer wußte von der noch lebenden Tradition in St. Jakob zu berichten: „Es ist noch bekannt, wie oft sich der dortige Pfarrer bemüht hat, den Einsiedler dafür zu gewinnen, daß er des Pfarrers Brennholz zerkleinert. Doch dieser hat sich, man weiß nicht, ob Bruder Franz oder sein Nachfolger Bruder Fidelis, stets sehr bald von dieser Arbeit verdruckt“.

Sein Nachfolger wird im Juni 1760 *Sebastian Hiertl*, gebürtig aus Kitzbühel; gewesener Ausgeher im Kapuzinerkloster zu Werfen, wo er 23 Jahre zu vollster Zufriedenheit diente. Man bedauerte an seinem bisherigen Dienstort, diesen fleißigen, verschwiegenen Mann, der einen exemplarischen Lebenswandel führe, nicht mehr behalten zu dürfen. Als Einsiedler nimmt er den Namen “Bruder Fidelis“ an. Am 17. September 1795 stirbt er in St. Jakob und vermacht dem dortigen Gotteshaus hundert Gulden, wie auch das Glöckl im Turm. Zwanzig Gulden sind an die Armen in Hallein und zehn Gulden an die Hausarmen in St. Jakob auszuteilen. Dem Bach-Bartl vermacht er seinen Habit und dem Schulmeister und Meßner Joseph seine drei Möbel: ein Pultkastl, Uhrkastl und Küchenkastl.

St. Pankraz bei Nußdorf

In der Broschüre „Der Abtsdorfer See" (Karl Freiherr von Strauß, 1872) liest man über dessen etwas weit gezogene Umgebung: „Neben der Kirche St. Pankraz, an der Stätte des Brudermordes (Hartbold und Tibold von Haunsberg mordeten sich gegenseitig auf der Schwelle der Kapelle von Schloß Haunsberg), baute sich Ende des vorigen Jahrhunderts ein Einsiedler eine Klause." Auf S. 32 erwähnt er den tiefen Schloßbrunnen, „der nunmehr verschüttet ist, aber noch heute (1872), wird die Einsiedlerklause gezeigt". Damals stand zwar schon das vergrößerte Schulzimmer, aber nicht mehr die ursprüngliche Klause mit Eselstall und kleiner Kapelle. Die Stelle ist dieselbe, an der noch heute nordöstlich der Kirche auf einer Felsstufe etwas erhöht das ebenerdige, leerstehende Gebäude liegt. Wie immer wieder betont wird, „lag früher an diesem Ort die alte Kapelle des Schlosses Haunsperg." — Die Überlieferung erzählt, daß hier durch Brudermord die dritte Linie der uralten, mächtigen „Haunsperger" ausstarb. Jakob von Haunsperg berichtet darüber 1587 in seiner handschriftlichen Chronik, die sich im Kloster Michaelbeuern befindet, in folgender Weise: „Als sich aber zween Brüder mit Namen Hartbold und Tybold zertragen und tötlich uneins geworden, ja dermaßen in Fehd und Feindschaft geraten waren, daß sie dem Leben einander nachgestrebt haben, welches ihr böses Vorhaben sich zuletzt im Schloß und Herrschaft an der Salza, gegen Laufen übergelegen, ein End gemacht. Das hat sich also zugetragen: Nachdem der eine Bruder sein Gebet in der St.-Pankraz-Kirchen im Schloß verrichtet und herausgehen wollte, ist ihm der andere Bruder begegnet; haben also beide zu den Waffen gegriffen und unter der Kirchen einander leider entleibt, daß der ein also, wie man sagt, hinein, der andere toter herausgefallen ist, welches erbärmliche Ort noch heute im Schloß Haunsperg gezeigt wird."

Diese Legende vom Brudermord, die vielleicht vom Volk durch ein Auseinanderfallen der beiden Toten an der Kirchenschwelle, noch ausgeschmückt wurde, hat sich bis in unsere Zeit erhalten. Daher liegt die Vermutung nahe, daß sich deshalb ein Einsiedler an dieser Stelle niederließ, um da Sühne zu leisten, wo so Schreckliches geschah und ein Kirchenfrevel den Ort belastete. Diese Annahme wird durch die Aussicht von dort oben bestärkt, denn sie zeigt nicht den hervorragend schönen Blick, der sich sonst vom Eingang zu Eremitenklausen bietet. Von St. Pankraz geht die Sicht nur nach Norden, auf eine sanfte Hügellandschaft ohne besondere Reize.

Man kann wirklich die Behauptung aufstellen, daß all den Orten, an denen sich Eremiten niederließen, etwas Romantisches allein durch ihre Lage gegeben ist. So karg ihre Zellen sein mögen, in der Wahl ihrer Lage waren sie anspruchsvoll. Nie findet man sie in Auwäldern, immer liegt ihre Klause erhöht und selten verzichten sie auf den Ausblick auf Felsklüfte und hohe Gipfel.

Nach Ansuchen erhält ein *Bruder Joseph Echersdorfer* am 28. Juni 1748 die Erlaubnis, sich bei der St. Pankraz-Kirche eine Klause aufzubauen. Er beginnt dann, die Kinder der Nachbarschaft, denen der Weg zur Schule nach Nußdorf zu weit ist, Elementarunterricht zu geben und darf dafür sammeln gehen. Allem Anschein nach ist er ein unauffälliger bescheidener Klausner, der nach dreißig Jahren im März 1779 im Spital zu Laufen stirbt. Seine Erben sind seine Brüder, Sebastian Echersdorfer, Untermeßner in St. Sebastian in Salzburg, Rupert Echersdorfer, Laienbruder bei den Franziskanern in Warasdin, Maximilian, Bader zu Köf-

lach in der Steiermark und Magdalena Echersdorfer, verwitwete Elixhauser.
Vergleichshalber sei auch sein Verlassenschaftsinventar wiedergegeben: Er bittet im Vermächtnis, seine Bücher an solche Leute auszuteilen, welche nicht vermögen, solche zu kaufen, aber doch große Bücherliebhaber seien. Seine Bilder, darunter zwei Landschaftsblätter von Eremiten, vermacht er dem Kapuzinerkloster in Laufen. Eine große Anzahl von geschnitzten Bildwerken, die nicht einzeln aufgezählt sind, und zwei Kripperl werden auf drei Gulden geschätzt. Sonst liest man von zwei metallenen Glöckln und zwei blechernen Sammelbüchsen, zwei Standuhren, einem alten Tisch, einer Truhe und wieder von keinem Bettstadl. Sonst ist noch ein Maßkrügl, zwei schlechte Tischtüchl, drei Handtücher und ein Tischserviet (!) vorhanden. Etwas Bargeld hat er bei einem Laufner Bürger deponiert. Davon sollen zwei Gulden dazu dienen, ein armes Kind in die Schule zu schicken. Den höchsten Schätzwert seiner geringen Habe machte die aufgefundene und besehene — also kontrollierte — „Kinderlehr" aus. Sie ist mit fünf Gulden veranschlagt und stellte den Behelf zum Unterricht dar.
Im März 1779 sucht Felix Weiß, Prokuratorssohn, 41 Jahre alt, um die Aufnahme in die Einsiedelei St. Pankratz an. Er lebt im Armengebetshaus zu Laufen. Da er einen zu kurzen Arm hatte, ist er zur Arbeit untauglich.
Im Juli 1799 sucht *Johann Wisauer*, aus Mondsee gebürtig, verunglückter Brauknecht, 43 Jahre alt, um Aufnahme an. Sein Arm wurde durch den Getreideaufzug in der Brauerei Henndorf schwer verletzt. Im August 1799 sucht auch ein Frater Johann von Castello, aus dem Bistum Konstanz um käufliche Überlassung der Klause an.
Der Dechant von Köstendorf befürwortet Johann Wisauers Eingabe: „Weil er von seinen Ersparnissen die Klause von

den Erben kaufen und auch lesen und schreiben könne, daher der mit der Klause verbundenen Kinderschule vorstehen und sich auf solche Art des Almosens würdig mache. . . ."

Am 23. Oktober 1779 kauft Johann Wisauer die Klause von den Erben Echersdorfer um 180 Gulden. Er nimmt beim Schulhalter in Laufen Unterricht, um selbst zum Lehramt geeignet zu werden. Er nennt sich dann Frater Franz de Paula und unterrichtet fünfzehn, größtenteils Taglöhnerkinder. Jahrelang geht alles seinen Gang, ohne daß amtliche Stellen sich einschalten. Dann erfolgt aber eine Anzeige, daß er Viehsegenzettel an die Bauern abgebe. Von da an kommt er immer mehr in die Räder der amtlichen Mühle.
Am 17. Jänner 1790 kommt vom Dechant in Laufen die erste Anzeige gegen Johann Wisauer: „Dieser teile bei seinen Sammlungen hochgeweiht sein sollende Sachen aus, besonders Pulver, die er für Leute und Vieh in allen Notfällen hoch anpreise, sogenannte Lukaszetterl. Er, Dechant, beobachte ihn und lasse andere Leute auf ihn lauern, allein vergebens, ich konnte nichts Grobmäßiges erheben. Weillen halt diesbezüglich niemand offenherzig herausgehen will."
Die bisher so würdige Sprache des Konsistoriums und die vernünftige Beurteilung der eingereichten Eingaben weicht nun einem zänkischen, gehässigen Stil ohne väterliche Wärme. Sei es in den Schriftstücken des Konsistoriums oder jenen der Pfleger.

Nun kommt ein Bericht des Pflegers von Laufen an das Konsistorium, in dem er seinen plötzlichen Besuch in der Klause beschreibt. Beim Betreten fallen ihm sofort ein Paket geweihten Pulvers und eine halbe Schachtel voll „Lukas-Zederl" in die Augen, die er alsogleich an sich genommen habe.

Vom Konsistorium kommt an ihn der Auftrag, darüber ein Protokoll aufzunehmen, da der Klausner des Vernehmens nach mit solchen Sachen sehr „gravieret“ (belastet) sein soll.

Im Mai 1792 ersucht Frater Franz, daß ihm erlaubt wird, in den drei letzten Tagen der Karwoche den Leuten, so von Trum, Seeham, Mattsee und Seekirchen hierher wallen, den Rosenkranz vorbeten zu dürfen, ohne aber Gewinn daraus zu ziehen. Er habe ihn heuer gehalten und dabei sind fünf Kreuzer in der Kapelle geopfert worden, welche er alsbald der Kirche von Nußdorf gesendet habe, damit ihr nichts entgehe. Darauf die Antwort des Konsistoriums an den Dechant von Laufen: „Nicht nur, daß wir dem Eremiten die erbetene Bewilligung zu den drei letzten Tagen der Karwoche, allemal von der Nachbarschaft hinkommenden Wallfahrten den Rosenkranz vorbeten zu dürfen, nimmermehr erteilen können, sondern wir tragen auf, nächstens eine unvermutete Spezial-Visitation bei ihm vorzunehmen und alles zu beseitigen, was sich Generalien widrig (Edikte, die Erzbischof Colloredo herausgab) bei demselben finden sollen: „Dieser Mann hat sich schon einmal eines unerlaubten geistlichen Handelns schuldig gemacht und noch fährt er fort, durch Veranlassung mancherlei Andächteleien, durch Errichtung kleiner Neben-Kapellen, durch unberechtigte Aufstellung und Aufputzung einiger Heiligenbilder die Fromme Einfalt zu täuschen, und unter diesem scheinheiligen Vorwand, seinem Eigennutz zu fröhnen. Mit allem Ernst habt Ihr diesem — vielleicht mehr schmutzigen als dummen — Eremiten zu begegnen und ihn bei mindester künftiger eigenmächtiger Andachteneinführung mit Ausziehung der Kutte zu bedrohen. Wir erwarten einen umständlichen Vollzugsbericht hierüber und getreue Anzeige alles dessen, was sich bei dieser Spezial-Visitation gefunden hat und bei be-

Abb. 31
St. Margarethen bei Hallein, Bruderloch mit Trittlöchern

Abb. 32
St. Margarethen bei Hallein, drittes Bruderloch

Abb. 33 St. Margarethen bei Hallein, Klause von außen

Abb. 34 Klause, Blick von innen

Abb. 35 Kapelle am Wartstein, Mattsee

scheidenen — Trug und Frömmelei verachtenden — Leuten von diesem Mann erfraget wurde."
Der Dechant antwortet: „Am 30. Mai (1792) begab ich mich und traf diesen Mann in seiner Behausung wirklich an. Nachdem ich ihm den hohen Befehl wegen der bei ihm vorzukehrenden Untersuchung kundgemacht hatte, durchging ich seine Behausung und fand: Erstlich: ein ziemlich großes Grab-Theater, eben dasjenige, wo er in der Charwoche wirklich vorgebetet hat. — Zweitens: In der Eremitenklause eine ziemlich geräumige Hauskapelle mit Haus-Altar, der mit ziemlich vielen, wiewohl nicht unerlaubten Bildnissen versehen ist. Weiters fand ich bei der von ihm errichteten Nebenkapelle keine besonders zur Andacht ausgestellten und aufgeputzten Bildnisse, außer jenen alten, hölzernen Bildern, die von langer Zeit her an der Außenwand seines Hauses hangend, alte Einsiedler vorstellen. Dieselben mußte er herabnehmen und in meiner Gegenwart mit seinem Beil in Stücke zerhauen, zum Verbrennen . . . Die Ankündigung des Verbotes, den Rosenkranz vorzubeten, nahm der Eremit mit Gelassenheit an. Er äußerte sich, daß, wenn es eine hohe Stelle also beschlossen habe, er sich dieser Verordnung untergebe und die fernere Vorbetung des Rosenkranzes unterlassen wolle.
Ferner in Nachforschung seines bisherigen Betragens habe ich erfragen können, daß er sich mit seinem zur Transportierung der erbettelten Victualien angeschafften Esel, den er zu Hause auf die Weide hinaustreibt, bei der Nachbarschaft verhaßt gemacht habe. — Man solle weiters an einen vertrauten Priester den Befehl erlassen, über das Verhalten des Eremiten heimliche Nachfrage zu halten."
13. Juli 1792. An den Vikar zu Nußdorf:
„Wir haben neuerlich durch den Dechant zu Laufen eine Spezial-Visitation vornehmen lassen und bei dieser Gelegen-

heit nicht unwichtige Unfüge entdeckt. So sagen wir Euch, da ihr der zunächst an dieser verrufenen Klause lieget, ein immer wachsames Auge auf diesen Eremiten zu haben."

An den Dechant: „. . . das unberechtigt errichtete Grab-Theater werde ganz abgenommen und einstweilen in den Dechanthof zur Verwaltung überbracht."

Darauf folgt ein Gerichts-Protokoll, in dem sich zwei Bauern aus Nußdorf über den Eremiten beklagen. Aus folgenden Gründen sehen sie in ihm eine unnütze und schädliche Bürde: „Erstens halte er schon lange keine Schule oder nur zum Schein, und daß die Kinder, welche zu ihm in die Lehre geschicht werden, ihm Holz und Wasser tragen müssen, bis die Lehrstunden geendigt hätten. Auch daß er sich einen Knecht und Esel halte, den die Gemeinde füttern müsse. Weiters, daß er statt einer Garbe für sich jetzt deren drei verlange, nämlich je eine für sich, den Knecht und den Esel. Er begehre überhaupt, was er benötige, wie Haar (Flachs), Wolle oder Heu. Dadurch bekomme er so viele Garben, daß er davon noch verkaufen könne. Er sei des Almosens unwürdig, da er eigene Mittel habe, von denen er leben könne und so den bedrängtesten Armen (in der Gemeinde) das Almosen aus den Händen windet. — Der Einsiedler sei zum Unterricht der Kinder gar nicht fähig und als gelernter Brauknecht auch noch stark genug, jeder Arbeit vorzustehen, die ihn mit dem erlernten Handwerk seinen Unterhalt verschaffen könne."

Daraufhin wird Johann Wisauers Vernehmung zu diesen Anklagen zu Protokoll genommen, und so hören wir:

„Er habe den Kindern nicht während der Schulzeit, sondern nachher die Hausarbeit aufgetragen, weil er dachte, das sei ohnehin ihre Schuldigkeit. Die Anzahl der Schulkinder sei neun. — Den Knecht Oswald Heimerer, Schulmeisterssohn aus Tittmoning, brauche er zum Ausschicken und Wartung

des Esels. Das Futter für den Esel kaufe er, so habe er erst neulich wieder Heu und Hafer gekauft."
„Bei den Sammlungen komme er nur einmal im Jahr zu jedem, und er habe nie drei Garben verlangt. Er fordere Beweise dieser Behauptung. Auch bitte er nur um Korn, wenn sie aber das nicht geben wollen, so stelle er es ihrem guten Willen frei, was sie ihm geben wollen. Die Sammlung falle überhaupt jährlich ganz ungleich aus. Alles zusammen betrage sie jährlich etwa zwanzig Gulden. Auf die Frage, womit er sich der Gemeinde nützlich erweise, antwortete er: Er glaube, durch das Schulhalten und sein Gebet der Gemeinde nützlich zu sein. — Auch bemerke er schon lange die Abneigung gewisser Leute. Doch wisse er auch viele Gutgesinnte. Die Klause und die von ihm errichtete Kapelle habe er großteils von dem als Brauknecht erhausten Mitteln kaufen und errichten können. Er glaube gern, daß es noch ärmere Leute in der Gemeinde gebe, sie dürften aber wegen seiner nichts entgelten. Er gebe selbst von dem Überflüssigen den Armen. Auch glaube er sich fähig zum Unterricht und wisse auch einige Stellen (als Zeugen), denen er Lesen und Schreiben gelernt habe. Als Brauknecht könne er sich nicht mehr das Leben verdienen, — nicht nur seiner 61 Jahre Alters halber (er war 21 Jahre lang Brauknecht), — sondern weil er in Henndorf von dem Aufzugbaum am Arm verletzt worden sei. Gelübde habe er keines abgelegt, er sei nur dem dritten Orden des hl. Franziskus — mit Tragung eines Habits — dem hiesigen Kapuzinerkloster einverleibt worden."

Jänner 1793. Nun wird eine unvermutet aufgenommene Inventur seiner Habe anbefohlen, um sein Vermögen festzustellen. Es wird weiters ein Gutachten verlangt, wie man ihn woanders unterbringen könnte, denn auf seinem jetzigen Ort werde er nicht mehr geduldet.

28. Jänner 1793. Vermögensbeschreibung auf Befehl des Konsistoriums über das vorgefundene Vermögen des J. Wiesauer: „Realitäten: eine Klause, durchgehend von Holz bestehend, ein Zimmer, zwei Kammerl, Kuchl mit einem Verschlage in zwei Etagen und eine Feuerstätte, 19 Schuech lang und breit. Die daran neu gebaute Kapelle, — darunter ein Keller, dermalen in einen Eselstall verwandelt. Zwei kleine, an der Klausur befindliche Obstgärtchen: 21 Schuech lang, 15 Schuech breit."
Das Fahrnis (Auszug) besteht aus einem Kanapee, darauf ein Strohsack und ein Kopfpolster mit Rehhaaren gefüllt. Für das Schulehalten diente wohl das feichtene Pult, eine Tafel, zwei Bänke und die hölzerne Stundenuhr. Aber unter dem Dache hat er fünf Pfund gehachelten und 15 Pfund ungehachelten Flachs, weiters 15 Ellen harbene Leinwand. Auch finden sich bei ihm drei Dutzend Skapuliere. Und in Nußdorf eingelagert hat er fünf Metzen Korn.
Februar 1793. Der Einsiedler schreibt an das Konsistorium: „Der Dechant von Laufen habe ihm bei der Inventuraufnahme verkündet, daß er von der Klause abtreten müsse und entweder ins Bruderhaus oder als Laienbruder bei den Kapuzinern eintreten müsse. Die Schließung seines Geldes sei erfolgt, die Habe in der Klause unversperrt zurückgeblieben. Nun bitte er inständig, doch weiterbleiben zu dürfen und sich mit Schulhalten und Sammeln ernähren zu dürfen. Er führt dann mehrere Bauern als Zeugen für sein rechtschaffenes Betragen an und dafür, daß er frei von Ausschweifungen sei. „Er halte den Unterricht, auch wenn manchmal nur drei oder vier Kinder kämen. (Obwohl) er doch von einem Kinde wöchentlich nur zwei Kreuzer beziehe und die dürftigen auch dies nicht einmal reichen. Daß er seit Jacobi (im Juli) keine Schule mehr gehalten habe, komme daher, weil sich kein Kind mehr bei ihm angemeldet habe.

Und sein Knecht komme so demnächst als Privatunterweiser ihrer Kinder zu verschiedenen Bauern. Des Esels bedürfe er aber, da seine körperlichen Kräfte nicht mehr hinreichen. Auch bitte er, die Kutte behalten zu dürfen, da man ihm in weltlichen Kleidern keine Almosen mehr reichen würde und er also ganz verderben müsse."

Im März wird ihm Aufschub gewährt, bis er sich entschlossen habe, wohin er gehe. Aber man liest auch heraus, daß man nicht wisse, wie das Klausengebäude, das eben doch sein Eigentum ist, an den Mann gebracht werden soll. Auch wird amtlich bestätigt, daß die Angabe des Einsiedlers (sie nennen ihn jetzt meistens einen „Waldbruder") vom Stande seines Vermögens stimmen werde, und zwar sei man auch der Meinung, daß es dreihundert Gulden betrage. Es wird aber erwähnt, daß die Kommission am Tage der Inventaraufnahme, als Wisauer gerade mit seinen gesammelten Sachen nach Hause kam, unter diesen einen ansehnlichen Vorrat „Tamsweger Pulvers" und anderer sogenannter Heiligkeiten hatte, welche in Verwahrung genommen wurden. Leider erfährt man dabei nicht, wer ihn heimlicherweise immer mit diesen Dingen belieferte, denn schon 1777 war den Kapuzinern in Tamsweg die Herstellung dieses Heilmittel-Pulvers vom Konsistorium verboten worden.

Im Bericht heißt es weiter: „Da er zu keiner anderen Arbeit mehr tauglich sei und eine schlecht gehaltene Schule besser sei als keine, er aber Knecht und Esel weggeben müsse und bescheidener einsammeln solle, so könne man ihn vielleicht doch so lange belassen, bis der Meßnersohn zu St. Pankraz die Schule übernehmen könne. Die „Entkuttung" würde aber dem Landvolk die überflüssige Ehrfurcht vor dem Kleide dieses Klausners nehmen und es beherzter zur abschlägigen Antwort machen, wenn Wiesauer wieder mit seinen eigennützigen Sammlungsbesuchen hervorrücken wolle. Als einen ungerufenen Ausländer (er war in Ischl beheimatet), könnte man ihn immer seiner Wege ziehen heißen. Der Billigkeit halber muß man aber auf dessen Versorgung Bedacht nehmen, wenn er seine Klause verlassen soll. Vielleicht auch würden sich die hiesigen Gemeinden auf einen kleinen Monatsgehalt einlassen, wenn Wiesauer die Schulhaltung fortsetzte."

Und dann schreibt der Pfleger von Laufen vom zwecklosen Eigensinn des Eremiten, der lieber sterben wolle als Kutte und Klause zu verlassen. Und wie man durch gerichtliche Versteigerung der Klause mit diesem Betrag ihn im Bürgerspital zu Laufen lebenslänglich verpflegen lassen könne und ihm auch vier Gulden für die Zivilkleidung aus der Almosenkasse ausgefolgt werden könnten.

Vom 1. Februar 1794 liegt dann eine Eingabe von den Nußdorfer Bauern vor, die ersuchen, man möge doch den stillen, untadeligen Eremiten wegen der Mühe, die er sich mit den Kindern gebe, alles Lob geben und ihn länger bei uns lassen, umso mehr, da wir ihm auch die genossene Sammlung angönnen wollen."

Daraufhin wird ein Kommissär, Freiherr von Reigersberg, zur Erhebung der wahren Gesinnung der Gemeinde Nußdorf hingeschickt. Er berichtet: „daß die Gemeinde es diesem 61-jährigen Manne nicht mißgönnte, sammeln zu gehen, wenn er nur seinen bei sich habenden Esel verkauft und seine Sammlung mehr beschränkt."

Dabei erfährt man, daß das Schulzimmer in Nußdorf nicht einmal mit einem Ofen versehen sei. Aber auch, wer die wahrscheinlich treibende Kraft gegen den Einsiedler ist: denn der Meßner von St. Pankraz, Andreas Schrack, macht sich anerbötig, selbst die Kinder statt des Wiesauers zu unterrichten. „Er müßte sich aber dazu erst vom Lehrer in

Laufen unterrichten lassen. Sein schon früher als möglicher künftiger Lehrer vorgeschlagener Sohn sei gar erst zwölf bis dreizehn Jahre alt. Also viel zu jung, als daß er schon ein Gegenstand positiver Dispositionen der hohen Stelle sein könnte. Man könne von hoher Stelle nur den Vater ermahnen, seinen Sohn fleißig unterrichten zu lassen."

13. Juli 1795. Befehl vom hochfürstlichen Hofrat: „Der Esel ist ohne Verzug öffentlich feilzubieten und der Knecht, wenn er zu einem Rekruten taugt, einzuliefern. Wenn nicht, ihm zu bedeuten, daß er sich vom Eremiten wegbegebe und diesen Dienst bei Zuchthausstrafe meide."

Noch einmal versucht der „Waldbruder" durch eine Eingabe die Erlaubnis zu erwirken, seinen Esel behalten zu dürfen, der ihm die beste Stütze sei. Auch erfährt man, daß ihm mit schärfsten Drohungen aufgebürdet worden sei, die Schulhaltung zu schließen und diese dem 15jährigen Meßnersohn hierorts zu überlassen. Auch die Nachbarn wünschen, daß sein Knecht erhalten bleibe, den er nun entlassen müsse, der ihm aber beim Schulhalten half. Er bittet um die Bewilligung sie wieder zu sich nehmen zu dürfen.

Die letzte Nachricht über sein Schicksal haben wir mit dem Akt vom 21. Oktober 1795 an den Dechant und Pfleger zu Laufen, und zwar: „daß es ein für alle Male ganz unabänderlich dabei zu bleiben habe, nämlich, daß er beide nicht mehr zu sich nehmen dürfe."

Aber er selbst konnte in seiner Klause bleiben, mußte offenbar nicht ins Bürgerspital nach Laufen. Denn erst am „15. Februar 1816 stirbt der tugendsame Jungherr Franz de Paula Wißauer, Klausner in St. Pankraz, 87 Jahre alt, in Nußdorf" (Sterbebuch, Band I, S. 216 der Pfarre Nußdorf am Haunsberg).

Durch Johann Hall (Der Haunsberg) erfahren wir von einem bisher (1817) zu einem Lehrzimmer verwendeten Neben-

zimmer in der Meßnerwohnung. Somit ist anzunehmen, daß er bis zum Ende seiner Tage in seiner Klause hausen konnte. Denn das Heranrücken der Franzosen, das höhererseits ernstere Sorgen verursachte, brachte ihm eine Erleichterung von der übergroßen Aufmerksamkeit für seine eben nicht mehr ganz zeitgemäße Existenz. Er überlebte noch die Flucht des Erzbischofs Hieronymus Colloredo nach Wien, der seinerseits sehr wohl für sein künftiges Leben vorzusorgen wußte. Seine Klause wurde 1817 angekauft und zum anfangs erwähnten großen Klassenzimmer umgebaut.
Wie lebendig noch die Erinnerung an den Einsiedler ist, zeigte der Bühelritt (bei Oberndorf) am 23. Mai 1923, bei dem sich Reitergruppen mit Festwagen abwechselten, wobei die Nußdorfer auf ihrem festlich geschmückten Gefährt die Klause von St. Pankraz mit dem Einsiedler mitführten."

Am Wartstein in Mattsee

Pillwein schreibt: („Salzburger Kreis", Linz 1839): „In einer unbedeutenden Entfernung von Mattsee erhebt sich, Seeham gegenüber, auf dem Wartstein mit wunderschöner Aussicht die Kapelle zu Ehren der hl. Anna. Ein Asyl für Beter im Stillen. Dechant J. A. Wisinger baute die Kapelle und legte auch eine Einsiedelei dabei an, welche aber jetzt abgebrochen ist."
Bis in die vierziger Jahre hat in der Nähe des heutigen Tennisplatzes ein „Bründl" bestanden, das allgemein als Einsiedlerbrunnen bezeichnet wurde. Von dort führte ein kleiner, jetzt verfallener Steig zur Kapelle, deren landschaftliche Lage und Ursprünglichkeit sie zum schönsten Punkt im Seengebiet macht. Sonst haben sich im Ort nur Legenden über die Person des Klausners erhalten.

Herr Altmann von Mattsee war so freundlich, mir die Mitteilung eines alten Fischers zu geben, die der frühere Stiftsprobst M. Ebner (ein eifriger Heimatforscher) ihm gemacht hatte. Und zwar, daß der Einsiedler, der am Wartstein gehaust hatte, ein Bauernbursch aus dem Innviertel gewesen sei. Dieser sei einmal mit seinem Mädchen über den See gerudert. Ein plötzlicher Gewittersturm brachte das Boot zum Kentern, wobei das Mädchen ertrank. Aus Gram darüber wurde der Bursche zum Einsiedel. (Einsiedel ist die alte volkstümliche Bezeichnung für Einsiedler.)
Leider ergab auch eine Anfrage im Passauer Bischöflichen Ordinariatsarchiv — Mattsee war eine Passauische Enklave im Land Salzburg — keinerlei Auskunft über diese Klause.
Durchaus erwähnenswert ist aber eine fast rezente Legendenbildung. In der Mattseer Schulchronik wird der Einsiedler am Wartstein „Franz Wiesauer" genannt, der im Jahre 1778 gestorben sei. Anton Breitner, der Mattseer Dichter, gibt ihm in seinem Heimatroman „Diemut" (herausgegeben 1894) auch diesen Namen und sogar die kleine Stallung für sein Eselein, das ihm den Bettelsack trug. Nur läßt er ihn am Anfang des 14. Jahrhunderts leben und sein Gärtchen am Wartstein pflegen, weil es ihm am Nordhang des Haunsberges zu unsicher geworden sei. Ob Breitner bewußt die offenbar legendär gewordene Figur des Bruders Franz Wiesauer von St. Pankratz auf den Wartstein übertrug, oder aber die Bevölkerung des Seengebietes, die in der Karwoche zur Andacht nach St. Pankratz zum Hl. Grab gekommen war, ihn bereits legendenhaft auf den Wartstein übertragen hatte, läßt sich nicht mehr feststellen.

Im Lungau

Um 1750 war im Haselfeld bei Moosham der Einsiedler *Bernhard Hien*, Mesnersohn vom Schloß Mirabell, ansässig. Er hatte bereits Logik und Physik studiert, dann fast vier Jahre als Kaiserdragoner in Italien gedient. Als Einsiedler erhielt er eine bestimmte Sammlung, mußte aber die Kranken besuchen und die von der „Ordinari Schul“ in Unternberg zu weit entfernten Kinder unterrichten. Im Jahr 1753 trachtete er, Priester zu werden, und erwarb sich von Papst Benedikt XIV. die gehörige Dispens, wurde aber vom Ordinariate wegen erheblicher Gründe zur Priesterweihe nicht zugelassen.

St. Leonhard bei Tamsweg

Wie anderen Wallfahrtsorten, fehlte auch diesem nicht eine Waldbruderklause. *Matthias Pernschein* wird anno 1630 als Eremit zu St. Leonhard zugelassen und unter sorgfältige Aufsicht des Pfarrers gestellt. Die Klause scheint einige Zeit bestanden zu haben; noch 1753 bittet ein Student, *Anton Eisenfurter,* um Aufnahme in dieselbige, anno 1757 ein *Tobias Moser,* Stadtschreibersohn von Radstadt. Der nähere Stand der Klause ist unbekannt.

Am Fanningberg

1780 bittet Johann Georg König, Dienstknecht, um Erlaubnis am Fanningberg eine Klause beziehen zu dürfen, wo ihn die Nachbarschaften lebenslänglich erhalten wollen; doch das Konsistorium (Regierungszeit Erzbischof Colloredo) trägt dem Archidiakonal-Kommissär auf, den Dienstknecht zu belehren, daß er anstatt sich einem frommen Müßiggang zu widmen, dem göttlichen Berufe, das Brot im Schweiße des Angesichtes zu gewinnen, getreulich folgen solle.

Auf dem Rainberg bei Salzburg

Durch einen Aufsatz aus dem Jahr 1857 sind wir darüber unterrichtet, daß sich 1729 ein Einsiedler auf dem Rainberg niederließ. Riedl schreibt dazu: „aus amtlichen Quellen geschöpft". (Die Originalakten befinden sich im Archiv des Museums Carolino Augusteum.)
Auszugsweise sei hier das Wesentliche wiedergegeben:
Im Frühjahr 1729 reicht der Eremit *F. Felix Ybl* an den Erzbischof ein Gesuch ein, in dem er angibt, daß er sein Leben im dritten Orden des hl. Franziskus in möglichster Andacht zubringen wolle. Bisher habe er sich im Garten des Herrn Grinner nächst dem Nonntaler Tore in einer Klause aufgehalten. (Eine damalige Volkszählungsbestandaufnahme gab jedoch keinen Bescheid, wo sich dieser Grinner aufhielt.)
„Da aber diese Klause auf eine längere Zeit nicht erbaut sei und auch dieser Ort wegen anderer Umstände zu seinem Vorhaben gar nicht anständig ist, so sei er gedrungen, sich um eine andere, hiezu dienlichere, von Leuth bösser entlegene Gelegenheit umzusechen. Er bittet daher um einen passenden Ort, sich eine Klause bauen zu können."
Die Landschaft erließ am 7. 5. 1729 an den landschaftlichen Bauverwalter den Auftrag, dem Bittsteller an die Hand zu gehen und über den dazu geeigneten Ort ein Gutachten zu erstatten. Nach in Augenscheinnahme „der Landschaft untergehörigen Oerther" wurde dem Bittsteller zur Erbauung einer Klause auf der hohen Riettenburg ein anständiges Oerthl angewiesen und hiezu ein Flächenraum von 25' lang und 15' breit ausgesteckt, „Weil dieser etwas sandige und spöre Spatiu, worauf in andertweg kein Nutzen zu schaffen, ersagten Supplicanten umso mehrers anzugönnen wäre, auch weillen absonderlich der Bstand (Pacht) habende Hasenehrl selbst nichts bedenkliches einzuwenden hat."

Die Landschaft bewilligte daraufhin dem Bittsteller, dort eine Klause zu erbauen, und bewilligte ihm eine „Hausbeyhilfe“ von 25 Gulden. Wofür er unendliches „Gott Vergelts“ sagt.
Doch nicht lange sollte das beschauliche Leben des Einsiedlers am Rainberg dauern, denn schon im folgenden Jahre mußte er sich wegen einer gegen ihn eingegangenen Beschwerde schriftlich verantworten. Er verteidigt sich, indem er anführt „daß er sich diesen seinen Aufenthaltsort nicht selber angeeignet habe. Auch habe er sein Gärtchen nicht größer ausgesteckt. Die heraufgehenden Leut in diesem Revier, wo so nichts wachse, dem Pächter keinen Schaden zufügen können. Im Sommer kämen viele Leute auf den Berg, darunter sogar „Domherrn“ und der Bischof von Passau und viele Grafen. Denen könne er doch das Umhergehen nicht verbieten. Und weil hier nur ein kleiner Weg ist, so haben ihm diese Herrn auch befohlen, gegen Maxglan zu mehr auszuhauen. Er habe aber keinen einzigen guten Baum verletzet“.
Ganz besonders verwahrt sich der Einsiedler gegen den Vorwurf, als hätte er seine Klause mehr zu seiner Ergötzlichkeit als zur Andacht erbauet.
Gegen den Vorwurf des unerlaubten Holzfällens gibt er an, daß ihm der hochwürdige Herr Prälat von St. Peter erlaubte, „ein oder auch andere Stamb zu schlagen“. Was er aber nicht tat, sondern nur eine oder die andere Gabel zur Erhaltung des Wegs nahm. „Und wie schmerzlich für ihn die Verdächtigung des Pächters Hasenörl sei, daß er ihn des Holzdiebstahles verdächtige, da er selbst doch einige Holzdiebe auf frischer Tat erdapet habe“.
Der Pächter erhielt einen Verweis, so Unbescheidenes vorgebracht zu haben. Darauf bedankt sich der Einsiedler bei der Landschaft „Im Namen seiner übergebenedeitesten

Jungfrauen, so bei ihm auf dem Berge loschiert, (offenbar ein Marienbild). Weil sie schon von vielen aufgesuchet und verehrt worden sei und er und andere, die hinaufgehen, in guter Ruhe verbleiben könnten."
Die Pacht des Rainberger bekam dann aber Georg Niklas Reiffenstuell, bürgerlicher Spezereyhändler.
Schon nach fünf Jahren, in den ersten Monaten des Jahres 1734 starb F. Felix Ybl. Noch im selben Jahr bewirbt sich um die Klause *Josef Franz Schreder*, Eremit bei dem Wildbad Adelholzen, wo er sich als Sakrestant der dortigen Kapelle befinde. Dem Gesuch liegt ein Attestat des Seelsorgers zu Siegsdorf bei, das bestätigt, daß Schreder sich in dem entlegenen Orth als von gnädiger Herrschaft aufgenommener Einsiedler aufhalte, der sich immer exemplarisch aufzuführen pflege. Ob Schreder aufgenommen wurde oder ob sich später ein anderer Einsiedler auf dem Rainberge aufhielt, ist nicht bekannt.

(F. Zillner, Geschichte der Stadt Salzburg, I. Buch, S. 110, aus dem Jahre 1885). Zillner berichtet von der „hohen Rittenburg" — jetzt als „Rainberg" bezeichnet. „Auf dem Berge selbst weidete bis um das Jahr 1830 eine kleine Ziegenherde. Eine ärmliche Hütte an der Spitze oberhalb des Wirtskellers barg den Ziegenhirten für ein paar Sommermonate und rückte samt dem buschbewachsenen zwei Kuppen, die ein schwankender Steg verband, eine Bergidylle in die nächste Nähe der Stadt Salzburg". Möglicherweise ist das noch die alte Einsiedlerhütte, die nach der Verpachtung des Rainberges an Reiffenstuell dem Hirten als Unterkunft diente.
Ein Ölbild aus der Mitte des 19. Jahrhunderts zeigt diesen einfachen Blockbau zwischen den beiden Kuppen des Rainberges mit Blick auf Untersberg und Göll und die Kuppe des Gutratsberges.

Werfen

Eine ganz unbekannte Einsiedlerhöhle befindet sich ober dem Markt Werfen. Sie liegt am Osthang des Feuersangköpfls, gegenüber und in fast gleicher Höhe der Burg Werfen. Sie aufzufinden ist schwierig, da die Abzweigung zu dem schmalen Pfad, der zum „Bartlpalfen" führt, ganz unauffällig rechts der Fahrstraße zum Riesenbauern abbiegt. In diesem bewaldeten Steilhang des Bürgerbergwaldes sitzt ein würfeliger Felsbrocken aus glattem Kalkstein, dessen Unterlage aus gefestigtem Geschiebematerial besteht. Letzteres ist porös und daher leicht auszunehmen, was teils natürlich, teils durch menschliche Nachhilfe soweit geschah, daß eine gut sechs Meter lange, drei Meter tiefe und fast zwei Meter hohe Höhle entstand. Zur Abstützung des fugenlosen Kalksteines, der die Decke bildet, ließ man Pfeiler stehen. Der Boden der Höhle ist ansteigend, nicht geglättet, aber trocken. Im nordwestlichen Hintergrund ist deutlich eine Feuerstelle mit einer kleinen Rauchabzugsöffnung zu erkennen, die in nördlicher Richtung ins Freie führt.
Johann Hörrer schreibt 1879 in seiner Ortchronik des Marktes Werfen: „Daß die Einsiedlerhöhle durch Mauerwerk in zwei Teile geteilt sei, so daß sie aus einem Vorraume, einer Küche und Wohngelasse bestehe und zwei Fensteröffnungen habe. Vor der Höhle befinde sich ein geebneter Platz zu einem Gärtchen."
Es ist jetzt aber nirgends das geringste Planum zu entdecken, sondern nur steil abfallendes Gelände mit Jungwald. Von den angeführten zwei Fenstern ist nur eines, wenn auch stark vergrößert, vorhanden. Die Unterteilung der Höhle ist verschwunden.
Hörrer erwähnt auch die Inschrift links vom Eingang und führt eine wohlgeordnete Majuskel-Buchstabenreihe an, —

sie schon damals als fast unleserlich bezeichnend. Die zwei ersten Buchstaben, nämlich I. H stimmen mit seiner Angabe überein, nicht aber die folgenden, die ganz unregelmäßig eingemeißelt und ohne jede Linienführung sind und daher jede Deutung unmöglich machen.
Als letzten Bewohner dieser Einsiedelei gibt er einen Bergknappen mit Namen *Bartlmä Pfeffer* an. Daher hat wohl der Felsblock seinen Namen, der im Volksmund die Bezeichnung „Bartlpalfen" trägt. Bartlmä Pfeffer sei Ende der Zwanzigerjahre des 19. Jh. gestorben.
Erwähnenswert ist die außergewöhnliche Sicht vom Hintergrund der Höhle durch den felsigen Rahmen des Einsiedelei-Eingangs auf das Hochschloß Werfen, mit dem Steilabfall der kahlen Felswände des Tennengebirges. Diese Sicht ist jetzt allerdings durch den aufwachsenden Jungwald schon sehr gefährdet.

Nachforschungen über diesen Bartlmä Pfeffer ergaben nichts Konkretes. Im Sterbebuch der Pfarre Werfen findet sich die Eintragung „gestorben am 16. Februar 1841, im Leithenhäusl Bartholomäus Pfeffer, Bergwerkszimmerpolier bei dem kk. Bergamt allda. Verwittwet, von hier gebürtig, 70 Jahre alt, an Herzwassersucht". Bei der Seltenheit dieses Namens kann es sich wohl um den ehemaligen Einsiedler handeln. Bei zunehmendem Alter mag er vielleicht in das Leithenhäusl gezogen sein.
Anläßlich des Rechtsstreites zwischen dem Dechant von Piesendorf und dem Pfleger von Mittersill, wer die Verlassenschaft des Stuhlfeldner Einsiedlers abhandeln dürfe, wird am 31. Jänner 1785 darauf hingewiesen, daß auch der Nachlaß des unlängst verstorbenen Einsiedlers zu Werfen cumultative abgewickelt worden sei, also befand sich bereits im 18. Jahrhundert dort ein Einsiedler.

In der Sterbematrik des Pfarramtes Werfen fand sich aber keine Eintragung vom Todesfall eines Einsiedlers. Da sich die Verlassenschaftsabhandlung nicht erhalten hat, kennt man seinen Namen nicht. Nur die Bezeichnung Einsiedler im Sterbebuch hätte seinen Namen kundgetan.

Ladislaus-Pyrker-Eremitage bei Badgastein

Ein Kind der Romantik war der Errichter einer „Eremitage" auf dem Kogel ober Badgastein, der unmittelbar östlich des Bahnhofes liegt. Diese Anhöhe bietet eine schöne Sicht nach Süden auf Böckstein, dem dunklen Stock des Radhausberges und die Schneeflächen der Schlappereben. Dr. Albert von Muchar „Das Thal und Warmbad Gastein", Graz 1834, S. 257 erwähnt in seiner Broschüre einen Spaziergang auf den „Patriarchenkogel", auf dessen Haupte die Einsiedelei — ein Werk des Herrn Erzbischof von Erlau — stehet. Leider ohne diese näher zu beschreiben. Er spricht nur vom Weg dahin und der schönen Rundsicht bei der Einsiedelei.
Zweifelsohne war sie nur ein kleiner Holzbau, der jetzt restlos verschwunden ist. Kaum dürfte er genau am Haupte dieses Kogels gelegen haben, dessen vegetationslos blanker Stein Gletscherschliffglätte zeigt.
Dieser Erzbischof von Erlau, Patriarch von Venedig, der unter dem Pseudonym Ladislaus Pyrker (er starb 1847) seine sprachlich vollendeten Epen herausgab, kam jährlich zur Kur nach Gastein und wurde zu einem großen Wohltäter des dortigen Tales. Er ist für das Land Salzburg ein typischer Vertreter jener Landschaftsbegeisterter, die trotz Klause kaum noch in Verbindung mit den ursprünglichen Eremiten stehen. Gemeinsam ist noch die Vorliebe für die erhöhte

Abb. 36 Ölbild aus der Mitte des 19. Jh., ehemalige Einsiedelei, Blick auf Untersberg und Göll

Abb. 37 Kupferstich von Jan le Clerk, in der Hütte eingerollte Matte, die den Einsiedlern als Liegestatt diente

Abb. 38
Franz Fellner, Einsiedler in Großgmain

Abb. 39 Bild in der Wallfahrtsbasilika Maria Plain in Salzburg von der Entstehungsgeschichte des Wallfahrtsortes, Baron Rudolf von Grimming vor der Ursprungskapelle

Lage ihrer Hütte und der von dort ausgesucht schöne Blick auf die Umgebung. Man zieht sich dort nur zeitweise zurück und meditiert und fühlt sich der Natur und Schöpfung näher. Es ist die „Eremitage“ geworden, die dem Gartenpavillon in einem Schloßpark näher steht und ein stimulierendes Gehäuse zum Dichten bietet. Aber weder Kälte, Kasteiung noch Almosensammlung ist mit einer solcher Eremitage verbunden.

St. Margarethen bei Hallein

Das Bruderloch.

Vom Marmorwerk bei Oberalm bis zur Taugl zieht sich östlich von Hallein der langgezogene Höhenrücken des Adneter Riedl hin. In seinem mittleren Teil fällt er salzachseitig als steile Felswand ab.
Vom „Bürgermeisterbauern“ bis St. Margarethen führt am Fuße dieses mäßig hohen Konglomeratfelsens ein Weg entlang (Autobahnparkplatz), auf dem man durch eine kurze Abzweigung zum „Bruderloch“ aufsteigen kann. Diese geräumige Taghöhle von acht Metern Breite, zehn Metern Tiefe und fünf Metern Eingangshöhle ist zu einer Kapelle ausgestaltet, in der die umliegenden Gehöfte ihre stimmungsvollen Maiandachten abhalten. Noch in den Dreißigerjahren unseres Jahrhunderts war die ganze Höhle mit frommen Bildern behängt — wie Öldrucke oder alte Glas- und Votivbilder. Erhalten hat sich nur der Teil der Kapelleneinrichtung, welcher sich hinter dem Gitter befindet.
Sebastian Wimmer schreibt in „Hallein und Umgebung“ (1883), daß die Bezeichnung „Bruderloch“ schon in der Urkunde von 1556 vorkomme. Es ist dies eine Urkunde, die Erzbischof Michael von Kuenburg ausstellt, um die Grenzen zwi-

schen dem Landgericht Golling und dem Stadtgericht Hallein neu zu regeln. Als Grenze sind da unter anderem die „Bruderlöcher“ genannt. Wimmer erwähnt auch die Legende, nach der dort in der größten dieser drei Höhlen, die zu Römerszeiten verfolgten Christen ihre Gottesdienste abgehalten haben sollen.

Die Bauern der Umgebung aber sprechen von sieben Brüdern, die diesen natürlichen, horizontalen Felsspalt vergrößert hätten und sich dort niederließen. Als sicher ist anzunehmen — wann immer das war —, daß die Höhle einmal besiedelt war. Viele im Felsen eingestemmte Löcher zeugen für eingezogene Balken, die darin ihr Auflager hatten und ihrerseits die Möglichkeit für einen hölzernen Vorbau abgaben, durch den die Höhle verschließbar wurde. Rechts sieht man versinterte, schwarze Verkrustungen von einer ehemaligen Feuerstelle. Links der Haupthöhle fallen kleine Vertiefungen im Felsen auf, die Trittmöglichkeiten zu einer höhergelegenen Nische sind. Dort oben war sicher die vor Tieren geschützte Liegestatt, denn keine andere Verwendungsmöglichkeit ist angesichts des steilen Aufganges zur Höhle annehmbar. Weder Heu, noch Laub kann hier gelagert worden sein, es sei denn, man hätte es auf dem Kopfe hinaufgetragen. Genauso wenig kam sie als Depot für Hiefelstangen oder anderes Gerät in Betracht, da sie für die Auffahrt von Wagen unzugänglich ist. Der dichte Baumwuchs im Steilgelände vor ihrem Eingang macht eine Laubgewinnung überhaupt unmöglich. Es bleibt nur die Verwendungsmöglichkeit als Andachtstätte. Wozu aber dann die vielen Spuren menschlicher Bearbeitung des Felsens, besonders im Vordergrund der Höhle? Ob sie als eine durch die vorgelagerte Bewaldung versteckte Zuflucht dienen sollte oder als Waldbrüderbehausung, läßt sich nicht mehr bestimmen. Gegen eine nur zeitweilige Benützung spricht die

Ausgeschliffenheit der Trittlöcher und die Glattscheuerung des Aufstieges zur erhöhten Liegestatt. Da keine schriftlichen Hilfen über die Verwendung dieser Felsnischen in der Vergangenheit zur Verfügung stehen, kann sich ihre Nutzbarmachung durch die legendären „Sieben Brüder" tatsächlich auf eine sehr frühe Zeit beziehen. Mehrere kleine, in den Felsen gehauene Nischen in der sehr altertümlichen, halbrunden Form, können sowohl Lichtnischen gewesen sein, als auch Platz für Heiligenbilder geboten haben.

Das zweite Bruderloch, die sogenannte „Klause".

Vom Bruderloch gegen Süden, auf schmalem Weg zur Straße herab, kommt man nach einigen Minuten zum ersten Haus der Ortschaft St. Margarethen. Von hier auf steilem und bereits ganz verwachsenem Pfad steigt man zur ca. dreißig Meter höher gelegenen „Klause". Im vergangenen Krieg bot sie einigen Nachbarn Schutz vor Fliegerangriffen, denn man hatte ihrem Eingang eine Ziegelmauer vorgesetzt, um den Luftdruck zu brechen. Diese ist bereits wieder zerbröckelt und die schwer zugängliche, sieben Meter lange und drei Meter breite und zwei Meter hohe Höhle ist leer und natürlich unbewohnt.
Hier lebte *Karl Geisler*, gewesener Zimmermann, naher Verwandter eines hohen geistlichen Würdenträgers in Salzburg, der alle Anstrengungen unternahm, ihn von hier wegzuholen und ihn in einem Salzburger Altersheim unterzubringen. Nach längstens vier Wochen „ging er aber immer wieder durch" und bezog aufs neue seine Felsspalte, bis man eben derlei Versuche aufgab. Dem Vernehmen nach war er bei keinem dritten Orden und trug auch keine Kutte, sondern nur Kleider, die er geschenkt bekam.

Sebastian Wimmer („Hallein“) schreibt 1883 über ihn: „Die Margarethen zunächst gelegene Höhle war vor einigen Jahren noch von einem Sonderling bewohnt und mit einer Tür verschlossen“.

Da sich über diesen Menschen noch eine lebende Überlieferung erhalten hat, kann man ihr Dinge entnehmen, die man in Archivalien umsonst sucht, nämlich das Bild des Alltags. Man hört, wie ein vermögensloser Mensch, der nicht arbeitet und in keiner Gemeinschaft mit einer Familie lebt, die ihn miternährt, sein Leben fristet, indem er alle drei bis vier Tage Speisereste einsammeln geht.

Auskunft der „Ramslbäuerin“ im Burgfried: Sie erzählt, daß ihr Schwiegervater, der im Alter von über neunzig Jahren 1961 starb, den Einsiedler als Bub oft aufsuchte und im Alter gerne von ihm erzählte. Auch viele Buben der Umgebung suchten diesen Felsbewohner auf, um mit ihm zu „dischkerieren“, meistens aber, um ihm einen Streich zu spielen. So hatten sie ihm einmal seinen Kaminabzug, der den Rauch von seiner Feuerstelle in der Höhle ableitete, mit Papier verstopft, worauf sie vom schimpfenden Einsiedler verjagt wurden. Nach solchen Besuchen bei ihm mußten sich die Buben bei ihrer Heimkehr vorerst ganz umziehen, da sie stets Flöhe mit nach Hause brachten, denn seine mit Laub gefüllte Pritsche habe von Flöhen gewimmelt, so wie auch er selbst. Er trug einen Bart. Gesicht wie Hände waren durch das offene Feuer in seinem niederen Felsschlauch stets schwärzlich geräuchert. Drei bis vier Tage lang sah man ihn nicht, dann tauchte er wieder mit einer großen verrosteten Pitsche bei den Bauern auf, um Lebensmittelgaben zu erbitten. So kamen dann die verschiedensten Speisen in diese Pitsche, wie Knödel, Wuchteln, Suppe, Milch, Topfen und das Blut von geschlachteten Kühen, das er oft erst nach Tagen abholte, wenn es schon gestockt war. Alles kam da in der alten Pitsche zusammen. Beim Hineinschütten soll er immer gesagt haben: „Vergelts Gott — ist alles guet — alles guet!" Auf unabgerahmte Milch war sein Sinn besonders gerichtet. Um davon gleich eine größere Menge zu bekommen, soll er des öfteren den Trick angewendet haben, schnell eine tote Maus in ein mit Milch gefülltes „Stözei" geworfen zu haben („Stözei" sind jene flachen Holzschaffeln, in die man vor Erfindung der Milchzentrifuge die Milch eingoß, um sie nach mehreren Stunden mit einem breiten Holzmesser abzurahmen. Daher sieht man auf alten Darstellungen von Bauernhäusern stets eine Reihe dieser runden Holzgebinde zum Trocknen, nach der täglichen Reinigung, auf der Bank vor dem Hause aufgestellt.) Wenn Karl Geissler dann die Bäurin in bedauerndem Ton auf die tote Maus in ihrer Milch aufmerksam gemacht hatte, bekam er meistens das ganze Stötzei voll unabgerahmter Milch geschenkt. So lange gelang das, bis es zu häufig vorkam, daß sich gleich nach seinem Eintreten eine Maus ertränkt hatte. Einmal verscheuchte er sogar den Ramslbauern mit Steinwürfen, als dieser den ihm gehörigen, uralten Kirschbaum unterhalb der Klause umschneiden wollte. Der Waldbruder betrachtete den blühenden Baum aber als „seinen Blumenstock".

Im Winter verdingte er sich öfters als Kleinkinderaufsicht, um durch einige Stunden Aufenthalt in einer geheizten Stube sich etwas aufzuwärmen. In seinen letzten Jahren soll er sich während der kältesten Jahreszeit beim Hofwirt in St. Margarethen aufgehalten haben. Er starb allein und unbemerkt in seiner kalten Höhle. Erst als er einige Zeit nicht zu sehen war, hielt man Nachschau und fand ihn tot auf seiner Laublagerstätte liegen.

Mag Karl Geissler auch nicht im strengen Sinn als Klausner gelten, weil er sich nicht an die vielen vorgeschriebenen

Betstunden hielt, durch sein unbemerktes Sterben in der Felsenhöhle rückt er in ihre Reihe.
Karl Geissler dürfte Mitte der Siebzigerjahre des vorigen Jahrhunderts gestorben sein. Sein Todfall ist weder in den Vigauner, Adneter noch Halleiner Matriken zu finden. Vielleicht schrieb er sich anders und der Name Geissler war nur seine „Vulgo“-Bezeichnung.

Das dritte der „Bruderlöcher“

liegt weiter nördlich, näher am „Gschlössei“-Bauern, in der sogenannten „Einauerwand“. Der Name soll von einem Flickschuster herstammen, der in dieser Höhle hauste. Näheres ist nicht bekannt.

Großgmain

Zum Schluß sei noch eines Mannes gedacht, der erst in den dreißiger Jahren unseres Jahrhunderts starb. Er stammte aus der Braunauer Gegend und hieß *Franz Fellner.*
Im Schloßwald von Marzoll, im Gemeindegebiet Großgmain, baute er sich eine Blockhütte und lebte dort als Einsiedler.
Im Sommer verdingte er sich oft bei den Bauern der Umgebung als Anstreicher; im Winter zog er in die Ferne, in wärmere Länder wie Italien und Spanien. Der Gemeinde fiel er nicht zur Last. Er war weder Terziar noch gläubig, trug aber den langen Mantel mit Pelerine, auch den großen schwarzen Hut, und ging mit hohem Stock, wie es jahrhundertelang der Brauch bei den Pilgern war. Langes Haupthaar und Bart erhöhten den Eindruck, den diese außergewöhnliche Erscheinung machte. Sicher war er nicht frei von Selbstgefälligkeit, denn er selbst verteilte an die zahlreichen, neugierigen Be-

sucher eine selbstverfaßte Broschüre mit seinem Bild, welche die Geschichte seines Lebens enthielt. Betitelt war sie „Franz Fellner, Einsiedler in Großgmain, am Fuße des Untersberges“. Bei den älteren Leuten dieser Gegend ist er noch in guter Erinnerung. Trotzdem war es nicht möglich, ein Exemplar seiner „Memoiren“ aufzutreiben die vielleicht Aufschluß über diesen unreligiösen Einsiedler gegeben hätten. Er war als großer Frauenhasser, aber als guter Jodler weitum bekannt. In seiner Klause hatte er nur eine einfache Liegestatt, einen Tisch mit Sessel und eine Herdstelle.
Als er mit über siebzig Jahren krank wurde, brachte man ihm vom nächstgelegenen „Puchbauer“ täglich etwas zum Essen. Die Gemeinde schritt aber dann ein, weil man im Walde schon von weitem sein Schreien hörte. Beine und Unterleib sollen von großen, offenen Beulen bedeckt gewesen sein, was ihm schier unerträgliche Schmerzen bereitete. Trotzdem wollte er seine Klause nicht verlassen. Er mußte mit Gewalt ins Spital nach Salzburg gebracht werden, wo er alsbald starb.

SCHLUSS

Viele Nachrichten verdanken wir J. Dürlinger, dem im vorigen Jahrhundert noch mehr Quellen zur Verfügung standen. Die originalen Belege zu seinen Ausführungen sind teilweise nicht mehr auffindbar. Das bisher wenig oder gar nicht benützte Diözesan-Archiv, das in den Vierzigerjahren unseres Jahrhunderts starke Einbußen erlitten hatte und erst 1966 bestens geordnet wieder zugänglich gemacht wurde, barg viel Unbekanntes. Aus all dem noch Feststellbaren zeigt sich, daß im Lande Salzburg alle Zweige des Eremitentums vertreten waren, mit Ausnahme der Styliten, der „Säulensteher", die hoch oben auf dem Kapitäl einer Säule, ohne schützendes Dach lebten. Diese Form des Eremitentums konnte sich im hiesigen Klima natürlich nie einbürgern. Aber man findet die Inklusen, wie die in Felshöhlen lebenden, aber auch die schulehaltenden Klausner und schrulligen Waldbrüder.

Alle Arten charakterlicher Veranlagungen zeigen sich an ihnen. Genauso wie im Alltag, erweisen sich die einen als streitbare Geister, die sich stets geschädigt fühlen, andere sind reine Demütige. Dann findet man solche, die sehr auf ihre Einnahmen bedacht waren, im Gegensatz zu den ganz Anspruchslosen, die letzte Kargheit suchten. Aber auch Klausner, die neben der Dorfkirche im Mesnerhäuschen wohnten. Auch sehen wir die einen seßhaft und die anderen wanderlustig.

Sie waren beim Volk beliebt und wurden vielfach um Rat befragt, obwohl gerade sie in ihrer Weltabgewandtheit fern jeder geschulten Rechtsauslegung standen. Aber gerade diese Ferne wird sie vielfach im übergeordneten Sinne dazu befähigt haben, den vorgetragenen Kummer in der einfachsten, menschlichen Form zu erkennen. Man könnte fast sagen, daß sie für das des Lesens unkundige Volk den Gegenpol zum weltgewandten Advokaten darstellten. Auch das sicher immer wieder gegebene Versprechen, für das Anliegen des Besuchers zu beten, ließ den seine Sorgen Vorbringenden erleichtert heimgehen, da er sich nun eines Mitbeters versichert wußte.

Die Gegenwart wird ihr Wirken wohl mit dem Begriff eines „romantischen Laienapostolats" bezeichnen. Sicher waren auch Menschen mit pathologischen Anlagen unter ihnen und mit Neigung zu religiösem Wahn. Aber die größere Gottbezogenheit in den betreffenden Jahrhunderten brachte auch eine größere Anzahl von Beflissenen des Gebetes hervor. Viele von ihnen werden im Leben Schiffbruch erlitten haben und andere wollten sich wohl den Mühen des Broterwerbs entziehen, indem sie Fürsprachegebete versprechend, bei den Bauern anklopften, dabei den Sack für die erwarteten Gaben aber nicht versteckten.

In unserer Zeit wären ihre Klausen nicht mehr vom Satan, sondern von den auffahrenden Autos angegrollt, Reporter würden versuchen, in ihr Innerstes hineinzuleuchten. Auch würde die Sanitätspolizei sehr bald einem solchen Höhlenbewohner seinen Aufenthalt unmöglich machen.

Aber es ist anzunehmen, daß sich manchem von diesen in die Einsamkeit Zurückgewichenen die Gesamtschau der Schöpfung eher erschloß, als den Menschen von heute, in ihrer lärmenden Umwelt und ihrem hochgezüchteten Spezialwissen.

INHALTSVERZEICHNIS

INDEX

ABBILDUNGSVERZEICHNIS

LITERATURNACHWEIS

Abt Amand: Brevis Historia de origine consecratione et reparatione Speluncae Eremitorie, Anno MDCLXI. — Delineatio et Descriptio Eremitorij S. Maximi ad S. Petrum Salisburgi; Seite 42. — Profeßbuch der Benediktinerabtei St. Peter; veröffentlicht in den Mitteilungen der Salzburger Landeskunde, Band 46, Seite 32. — Österr. Kunsttopographie, Band XII. — Auszug der Neuesten Chronik des alten Benediktinerklosters zu St. Peter in Salzburg; I. Teil, S. 127, Salzburg 1782. — Walter Czoernig: Die Höhlen des Landes Salzburg, 1926; Seite 38. — Josef Eder: „Mönchsbergklause wartet auf Benützer“ im Salzburger Volksblatt v. 10. 1. 1924 und in den Salzburger Nachrichten vom 12. 4. 1967, Seite 5. — Necrologia Germaniae Tomus II. Dioceses Salisburgensis, Seite 50, Kolonne 19. — Österr. Kunsttopographie, Band VII, Die Denkmale des Stiftes Nonnberg; Seite XXXVIII. — Chronik des Klosters St. Peter v. 1782, Seite 34. — Otmar Dörr: „Das Institut der Inclusen in Süddeutschland“ — Münster 1934; Aschaffenburg'sche Verlagsbuchhandlung. — B.Willa — Gebetszettel im Besitz der Abtei Nonnberg. — Graberöffnungs-Protokoll d. Willa, im Besitz der Abtei Nonnberg. — J. Dürlinger: Histor. Statist. Handbuch vom Pongau, S. 212. — L. Hübner: Beschreibung des Landes Salzburg, 2. Band, Seite 464. — Gustav Gugitz: Österreichs Gnadenstätten in Kult und Brauch; Band Oberösterreich — Salzburg, Seite 154—155; Verlag Brüder Mollinek, Wien. — Österr. Kunsttopographie, Band XX, Die Denkmale des Bezirkes Hallein, Seite 244. — F. Zillner: Salzb. Stadtgeschichte. Band II, „Die Kuchler“, Seite 738—741. — Walter Brugger: „Die Kuchler“ in „Das Salzfaß“, 1., 2. und 3. Jahrgang; Heimatkundl. Zeitschrift des Rupertiwinkels. —

J. Dürlinger: „Über die Wilhelmskapelle" in „Historisch-Statist. Handbuch der Erzdiözese Salzburg, 1862, Seite 577. — Lexikon für Theologie und Kirche, Herder Verlag 1959. — Dr. Hugo Neugebauer: „Tiroler Eremiten" in „Tiroler Heimatblätter", Seite 132 ff. — Visitationsprotokoll 11/79 u. 11/62 im Diözesanarchiv in Salzburg. — Eugippus „Das Leben des hl. Severin", erläutert v. Rudolf Noll, Akademie-Verlag Berlin 1963, Seite 18, 19 u. 75. — Österr. Kunsttopographie, Band XI, Seite 172—174, Seite 163 Stich der Gesamtanlage der Einsiedelei in Hellbrunn. — Salzb. Univ. Bibliothek, Signatur M.I.365; „Klausnerlied". — N. Watteck: „Zwei Totentanzlieder und ein Totenlied aus dem Salzburgischen"; in Mitteilungen der Salzburger Landeskunde, Band 105, Seite 243. — „drap d'or" siehe Österr. Kunsttopographie Band VII, Die Denkmale des Stiftes Nonnberg, Seite 109. — J. Riedl: „Salzburgs Domherrn" v. 1514—1806 in Mitteil. d. Salzb. Landeskunde, Seite 122. — Im Salzburger Landesarchiv: Testament des Grafen Martiniz unter „Domkapitel 3/2". — J. Zibermayer: „Die Wolfgangslegende", Linz 1929, Seite 12, 30, 32, 35 Verlag Oberösterr. Musealverein. — „Über die Wolfgangshähl", Intelligenzblatt 1805, S. 765. — Diözesanarchiv Salzburg, Akten 10/36 „Die Folgeordnung der Einsiedler am Falkenstein". — Erich Schenk: „Mozarts mütterliche Familie" im Mozart-Jahrbuch III (1929), Seite 86. — Leopold Ziller: „300 Jahre Schule in St. Gilgen" Seite 13, 1965. — „Der Eremit ist tot" Bericht in den Salzburger Nachrichten vom 19. 3. 1965. — Diözesanarchiv Salzburg: Die Folge und Ableben der Einsiedler am Palven nächst Saalfelden 8/78. — Konrad Nusko: „Das Georgifest am Palfen ohne Einsiedler", im Salzburger Volksblatt v. 3. 4. 1965. — Konsistorialarchiv Salzburg: Pfarre Neumarkt — Sighartstein, Akten 7/94, Liebfrauen-Wallfahrtskapelle am Sendlberg. — J. Vogl: Köstendorfer Heimatbuch. — J. Lahnsteiner: Unter-Pinzgau, S. 61. — Konsistorialarchiv Salzburg: Fach 10/6 Bad Fusch, Decanat Saalfelden. — Böckstein, siehe Dr. Albert v. Muchar: Das Tal und Warmbad Gastein, Graz 1834, Seite 274. — J. Lahnsteiner: „Unter-Pinzgau" über die Burgruine Taxenbach. S. 227. — Konsistorialarchiv; Stuhlfelden, Akten 9/16. — J. Lahnsteiner: „Mitter-Pinzgau", S. 29 u. S. 388. — J. Dürlinger: „Histor. Statist. Handbuch" 1867; Über die Schulhaltung in Werfenweng. — Konsistorialarchiv, St. Jakob am Thurn, Akten 6/77. — Österr. Kunsttopographie, Band XX, Die Denkmäler des Bezirkes Hallein, Inventar der Kirche in St. Jakob a. Thurn. — Karl Freiherr v. Strauß: „Der Abtsdorfer See", 1872, S. 31. — Konsistorialarchiv, Die Einsiedler in St. Pankratz, Akten 6/53. — Pfarre Nußdorf; Sterbebuch, Band I, Seite 216. — Joh. Hall, Der Haunsberg, S. 27. — Pillwein: „Salzburger Kreis", Linz 1839, Der Wartstein bei Mattsee, S. 248. — J. Dürlinger: „Das Dekanat Tamsweg" S. 36, 90—91. — 53. Jahresbericht des Gymnasium Borromäum (1901/02). — Matheyer: „Das Kapuzinerkloster in Tamsweg; Bericht über die Abschaffung des Tamsweger Pulvers. — Jahresbericht des Museums C. A. 1857, S. 74—76 „Die Eremitage auf dem Rainberg" v. Joh. Riedl. — F. Ziller: Geschichte der Stadt Salzburg, I. Buch, S. 110; 1885 erschienen. — Joh. Hörrer: „Chronik des Marktes Werfen", Seite 39. — Dr. Albert v. Muchar: „Das Tal und Warmbad Gastein", Seite 257, Graz 1834. — Seb. Wimmer: „Hallein und Umgebung" 1883, Seite 128. — Für den Hinweis auf F. Fellner bin ich Dr. H. Jedina zu Dank verpflichtet.